I0782884

Redvolución

Los cambios sociopolíticos a través de las redes sociales

Carlos Augusto Jiménez Zarate

Redvolución

Los cambios sociopolíticos a través de las redes sociales

CONJURAS

L.D. Books

Redvolución. Los cambios sociopolíticos a través de las redes sociales
© Carlos Augusto Jiménez Zarate

 **L.D. Books**

D. R. © Editorial Lectorum, S. A. de C. V., 2017
Batalla de Casa Blanca Manzana 147 A, Lote 1621
Col. Leyes de Reforma, 3a. Sección
C. P. 09310, Ciudad de México
Tel. 5581 3202
www.lectorum.com.mx
ventas@lectorum.com.mx

Primera edición: octubre de 2017
ISBN: 978-1983606427

D. R. © Interiores: Laura Romo
D. R. © Portada: Angélica Irene Carmona Bistraín
D. R. © Imagen de portada: Shutterstock®

Dedicado a

A los indignados
que lograron traspasar
Internet y expresar en las calles y en
las plazas públicas su indignación.

A los jóvenes,
profesionistas, trabajadores, profesores,
estudiantes y ciudadan@s
de México y del mundo,
que se han unido
en las acciones globales, para
exigir justicia por los
43 desaparecidos de Ayotzinapa.

A las miles de personas
que conforman la
larga lista de
desapariciones forzadas.

"Porque vivos se los llevaron, vivos los queremos"

Introducción

Desde su aparición, los medios masivos de comunicación han contribuido a la transformación de las sociedades. La invención de la imprenta a mediados del siglo xv hizo posible desarrollar las primeras formas de comunicación masiva: gacetas, panfletos y con el tiempo la expresión máxima de la prensa: el periódico, el cual ha sido sometido desde sus inicios a permisos de publicación. En el siglo xviii la prensa en su modalidad de panfleto reflejó de manera directa el descontento social que se manifestó implacable en la Revolución Francesa. Un siglo después el invento del telégrafo dio lugar a la primera red de telecomunicaciones, que rápidamente se extendió por todo el mundo, la comunicación era casi instantánea entre cualquier lugar del mundo que tuviera una línea telegráfica.

La primera red pronto fue utilizada como medio de comunicación militar, Abraham Lincoln pedía informes y daba órdenes desde la Casa Blanca mediante un telégrafo, el cual pronto se convertiría en una herramienta indispensable para consolidar su liderazgo, Abraham Lincoln fue el primer presidente en ordenar el control de las telecomunicaciones. Años después se desarrollaría la radiotelegrafía, la cual permitió transmitir y recibir los mensajes sin cables, convirtiéndose en la primera tecnología inalámbrica de telecomunicaciones. Las redes telegráficas fueron utilizadas por los movimientos revolucionarios, en la cúspide de la revolución mexicana Pancho Villa tomó el control de varias líneas telegráficas.

A mediados de la década de los años treinta del siglo xx se empieza a desarrollar el teléfono de manera comercial, con el paso del tiempo la red telefónica se convertiría en la columna vertebral de lo que hoy conocemos como Internet. Hasta ese entonces los medios de comunicación e información estaban bien definidos, aunque ambos se complementaban entre sí, operaban y actuaban de manera separada, las redes telegráficas y telefónicas, eran el soporte informativo de la prensa escrita, las agencias de noticias enviaban y recibían noticias de muchos países de forma muy rápida.

El siglo xx fue sin duda el siglo de las invenciones electrónicas, entre ellas la radio y la televisión, lo que daría a los medios de comunicaciones e información el carácter de súper-masivos; y con ello el gran poder de la manipulación de la opinión pública. Este poder adquirió una importancia toral en los sistemas políticos de gobierno, los medios masivos de comunicación siempre han sido utilizados para el control y manipulación social; la primera gaceta (periódico) fue creada con el permiso del poderoso Cardenal Richelieu; hoy las concesiones las otorga el estado, las cuales son en realidad permisos de lo que se puede comunicar o informar a la sociedad.

En la última década del siglo xx, se desarrolló la interconexión de múltiples redes de computadoras llamada Internet. Esta tecnología es el soporte de una nueva era de información y comunicación llamada *"Social Media"* (medios sociales), siendo las redes sociales como Facebook y Twitter una parte fundamental. Este nuevo concepto de comunicación social, se basa en la interacción de las personas, en la autogeneración y multidifusión de contenidos e información.

La comunicación e información de los grandes medios masivos se caracterizan por ser unidireccionales; los nuevos medios sociales se distinguen por la auto-generación de contenido e interconexión entre pares; representa un espacio donde los usuarios se pueden expresar, informar y comunicar, mediante gráficas, animaciones, videos, audios y textos casi sin ninguna restricción; además cada contenido que se sube a la red puede convertirse en la próxima tendencia, local, regional o mundial.

El apoyo o repulsión social sobre algún contenido o información de personas, organizaciones o de partidos políticos, se reflejan en la cantidad y en el contenido de reenvíos o menciones que pueda alcanzar una etiqueta (*hashtag*), palabra o cuenta de usuario de Twitter. En Facebook "compartir" algún contenido tiene mayor grado de interactividad que solo darle "me gusta", la intensidad del debate o discusión se refleja en la cantidad y el tipo de comentarios, la interacción masiva es lo que genera las campañas virales. Aunque los medios sociales han ido desplazando a los medios tradicionales, estos aún siguen ejerciendo un enorme poder de influencia en la opinión pública. Si bien estamos inmersos en la globalización, la división entre países avanzados y subdesarrollados sigue siendo una realidad cada vez más presente, grandes sectores sociales de los países en desarrollo no estén conectados a Internet; pero lejos remediar la situación de pobreza de millones de personas, los gobiernos siguen por la misma ruta económica que ha generado una híper concentración de la riqueza en unas cuantas personas y familias.

La desigualdad económica ha dejado una estela de malestar social, incluso en los países con mayores índices de desarrollo y se ha reflejado en los recientes movimientos sociales. Millones de personas han salido a protestar por todo el mundo; desde las gélidas montañas de Islandia hasta las candentes llanuras árabes; igual sucedió en España, México, Brasil, EUA, Chile, y en otros países.

Hay un factor común entre estos movimientos sociales que va más allá del uso de los medios sociales, los sitios web o video-blogs, ese factor aglutinante es la auto organización social. Los líderes tradicionales de oposición se han visto rebasados y eclipsados ante las masas indignadas que acamparon y marcharon por diversas ciudades del mundo. Millones de personas tuitearon, retuitearon, postearon, le dieron "me gusta" o compartieron alguna página, meme, texto, video o foto de algún movimiento social; todo esto ha sido posible gracias a los programas o software de redes sociales, que son aplicaciones que funcionan debido a una estructura tecnológica llamada Internet, cual es una red informática compuesta por múltiples redes de computadoras, servidores, módems, líneas telefónicas, antenas, centrales, redes de fibra óptica; la red es la suma de tecnologías de comunicaciones electrónicas que vienen evolucionando desde hace más de doscientos años.

El desarrollo de Internet se remonta a finales de la década de los sesenta, cuando los primeros nodos de una red informática se interconectaron, fue el producto de un proyecto que fue auspiciado por el Departamento de Defensa de los Estados Unidos; las primeras computadoras que se unieron en una red informática, estaban ubicadas en las Universidades de California de Los Ángeles y de Santa Bárbara, la Universidades de Utah y el Instituto de Investigación de Stanford. Si bien la primera red informática fue financiada por las agencias militares de los EUA, el desarrollo se debió al trabajo y esfuerzo creativo de científicos civiles y académicos, quienes pueden considerarse los padres fundadores de Internet.

Desde el inicio de la internet, se difundieron teorías conspirativas, que hablaban de la vigilancia de la red de internet, pero tras las revelaciones de un ex agente de inteligencia y seguridad nacional norteamericano, se puso al descubierto el gran sistema de espionaje mundial; la filtración reveló el inmenso poder de la red de internet para la auscultación y recopilación de información y datos de cualquier persona conectada a la red; abriendo el debate sobre la privacidad de los datos e información personal en un mundo que tiende a conectarse cada vez más.

La red también ha sido utilizada para difundir información pública y secreta del gobierno, como lo realizado por el sitio WikiLeaks, donde se difundieron miles de cables diplomáticos provenientes de las embajadas de los EUA; además de documentos y archivos del ejército norteamericano, como el video donde un helicóptero lanzó ráfagas de metralla de alto calibre a un grupo de civiles en Irak. La red de internet es considerada como un cyber-espacio, donde Facebook y Twitter se han convertido en la correa transmisora del descontento social.

El uso de la red de internet en la organización social no es reciente, pero la aparición de los medios sociales, tuvo un impacto viral en la difusión dc los movimicntos sociales, además dichos movimientos se han organizado con mayor rapidez y han tenido una mayor capacidad de convocatoria.

Anteriormente las herramientas fundamentales de internet para la organización social eran los blogs, páginas web, salas de chat, correos electrónicos y mensajes de texto; estos eran la única vía de comunicación social masiva de los activistas; en un blog o una página web la información fluye principalmente de manera unidireccional, aunque la gran mayoría de los sitios web tienen la configuración para realizar comentarios o enviar mensajes a los administradores del sitio.

En las redes la información fluye entre el emisor-receptor y otros usuarios, además la información o el contenido puede ser compartido, comentado y debatido. Esta característica incrementa considerablemente el número de personas que pueden recibir una cierta información, este es el verdadero poder de las redes de internet.

En el 2008, internet fue el soporte de una nueva estrategia de campaña electoral en los EUA, un abogado de Chicago organizó mediante internet a miles de ciudadanos norteamericanos en su mayoría jóvenes, la estrategia funcionó y logró llevar a cabo una revolución electoral: por primera vez en la historia del país más poderoso de todos los tiempos, el presidente sería un Afroamericano, lo cual parecía imposible si tomamos en cuenta que los afroamericanos ni siquiera tenían derecho a votar hace algunas décadas.

Obama supo canalizar la indignación de la sociedad norteamericana, anualmente cientos de miles de millones de dólares se destinan a las guerras, en tiempo de crisis el gobierno no duda en recortar el gasto en los programas sociales; la reciente y catastrófica crisis financiera, que dejó a millones de estadounidenses desempleados

y a cientos de miles sin casa, fueron sin duda los cataliza-
dores del cambio político electoral en el 2008.

Pero la crisis del 2008 no solo afectó a los ciudadanos de los EUA, su efecto fue global y la indignación
social también; la crisis recorrió todos los países que han
adoptado a ultranza el modelo neoliberal; el cual ha pri-
vilegiado entre otras medidas la libre acción de los fon-
dos especulativos. Esto llevó a la quiebra a países como
Islandia, donde los bancos se declararon en quiebra, y
donde el gobierno reaccionó con la medida de siempre:
rescate bancario con endeudamiento público; estas medidas siempre se aplican bajo el pretexto de que si no se
"rescata" el sistema financiero puede colapsar todo un
país. Los ciudadanos islandeses no se creyeron esas ar-
gucias y salieron a protestar, logrando la renuncia de su
presidente, luego se negaron a pagar el rescate bancario,
y utilizaron las redes sociales para la redacción de una
nueva constitución, el movimiento social islandés se ha
convertido en un hito histórico, convirtiéndose en un referente del poder social de la red.

Vendría después la primavera Árabe, la cual logró
expandirse gracias a internet, teniendo un efecto domi-
no en toda la región. Varios regímenes fueron derroca-
dos, aunque el costo fue muy alto; decenas de miles de
personas murieron durante la revuelta árabe, y en casos
como Egipto y Libia el poder político quedó en manos
de grupos militares que han instaurado regímenes simi-
lares antes de la revuelta. Pero los niveles máximos de
violencia llegarían con la guerra civil desatada en Siria,
donde actualmente se está librando una verdadera guerra
de facciones, llevando aquel país a una balcanización, que
ha dejado un saldo de más de 130,000 personas muertas.

En América también las redes sociales vieron nacer movimientos sociales, en Brasil el movimiento "pase libre", y en México el movimiento #YoSoy132; pero sería el ataque a los estudiantes normalistas de Ayotzinapa a finales de agosto del 2104, lo que desataría en México un movimiento social que logró permanecer durante meses, y que se ha extendido en varias ciudades del mundo.

Hoy en día las sociedades están más interconectadas, lo cual está reduciendo los grados de separación entre las personas; esto traerá sin duda cambios profundos en las relaciones sociales y políticas entre los individuos y los pueblos. Aún falta mucho para hablar de una sociedad global en red; una limitante es la enorme brecha tecnológica entre los países desarrollados y subdesarrollados, en la gran mayoría de los países pobres solo una parte de la población tiene acceso a internet, y los que tienen acceso lo hacen a una velocidad de navegación muy baja.

No hay duda de que el Internet es ya una parte fundamental en nuestras sociedades; y aunque la información de casi todos fluye a través de la red, lo cual facilita el espionaje masivo, la red es la plataforma ideal para difundir información de interés público y con ello exigir la rendición de cuentas pública.

Capítulo I
La Matrix

I.1 Vigilancia y control

La actividad humana dentro de las redes sociales en internet deja un rastro digital, que puede ser usado para el análisis, investigación y estudio; pero los gobiernos utilizan dicha información para dos premisas fundamentales: vigilancia y control.

Los EUA crearon a mediados de la década de los años cincuenta, un sistema de control y procesamiento de datos para un sistema de radares, dicho sistema fue construido para la defensa de ataques aéreos, el sistema era llamado SAGE y consistía en la operación centralizada de todos los radares y el equipo militar para la intercepción y destrucción de los "objetivos", las decisiones se tomaban en un centro de dirección, donde la información de los radares se procesaba y se mostraba en monitores en tiempo real, con los datos se podía identificar el objetivo y sus coordenadas. Una vez identificado el objetivo se calculaba las coordenadas de trayectoria probable; todo esto se realizaba mediante la computadora más grande de aquella época, la cual necesitaba de la construcción de un edificio para su instalación y operación, dichos centros de control fueron construidos a base de concreto reforzado, de varios pisos y además contaban con un edificio externo para el sistema de enfriamiento y de generadores de electricidad.

El sistema SAGE fue el pionero en la creación de una red de telecomunicaciones, de ahí saldría el proyecto ARPANET que dio paso a la red de internet.

Hoy se sabe tras las revelaciones de E. Snowden de la existencia de programas de espionaje masivo que se siguen rigiendo, bajo los mismos principios operativos del antiguo sistema SAGE: vigilancia y control. Los programas de espionaje que fueron revelados fueron confirmados por la propia NSA y no solo se espían, también están guardando y procesando una cantidad sorprendente de información.

En 2012 la revista "Wired" en un artículo[1] publicado James Bemford, autor y especialista en temas de inteligencia y seguridad nacional, especialmente sobre la Agencia de seguridad Nacional (NSA) dio a conocer como el gobierno de los EUA, construyo el centro de datos más grande del mundo, el cual está localizado en Bluffdale en el estado de Utah.

El cual tendría la capacidad de procesar enormes e inimaginables cantidades de información, a velocidades que escapan incluso a la imaginación, se habla de una velocidad de "yottaflops" que representa una capacidad de procesar 500 trillones de páginas de texto, el área del centro de datos es más de 25,000 metros cuadrados tan solo para los servidores y computadoras centrales y al

---

[1] Articulo recuperado de: http://www.wired.com/2012/03/ff_nsadatacenter/all/

igual que las instalaciones SAGE el centro se abastece de una gran cantidad de energía y necesita de toneladas de equipo de enfriamiento.

Un proyecto de tal magnitud es difícil de ocultar y quizás por eso la propia NSA ha expuesto información sobre el Centro de Datos de Utah; en la página web oficial de la "Dirección de Vigilancia Doméstica" y en el muro de concreto de bienvenida al centro se puede leer la leyenda: *"Si no tienes nada que ocultar, no tienes nada que temer"*, la operación del centro describe el objetivo: identificar patrones sospechosos, y para eso construyó un gran sistema informático para guardar los datos de los de los ciudadanos, esta gran operación de auscultación, recopilación y almacenaje de datos, se da a partir de la interpretación del "Acta patriótica", además se puede leer como obtienen la información, dejando en claro que es a través del rastro digital, el uso de tarjetas electrónicas, cámaras de tráfico, navegar por internet, pago con tarjeta de crédito, llamadas de celular, mensajes de texto; prácticamente todos los dispositivos electrónicos conectados a internet dejan un rastro digital y la NSA está dispuesto a seguirlo.

La vigilancia masiva es un hecho, y se da en tiempo real sin el consentimiento de los ciudadanos, esto debiera ser un tema para el debate público, el gobierno se escuda en la seguridad a cambio de nuestra de libertad; parece ciencia ficción pero la realidad como siempre supera la ficción.

Quizás estemos viviendo nuestros últimos días de libertad, las personas están más conectadas pero más vigiladas, pronto los algoritmos determinarán la peligrosidad de la conducta humana, la red de internet se ha convertido en un gran sensor social.

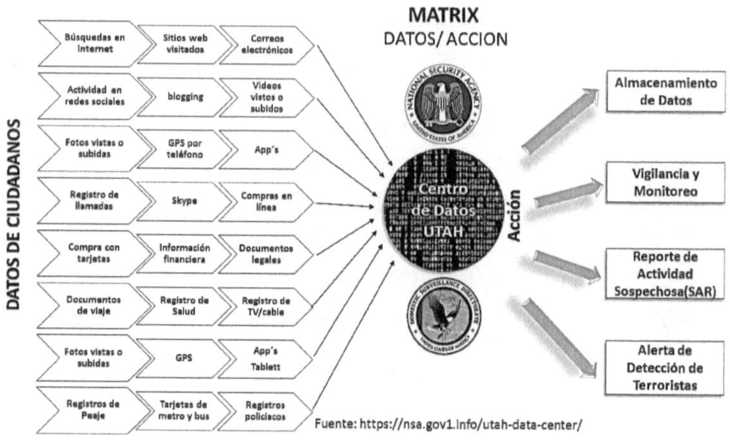

Fuente: https://nsa.gov1.info/utah-data-center/

El Centro de Datos de Utah es el gran núcleo; donde el gobierno de los EUA está concentrando toda la información recolectada por los sistemas de intercepción de las telecomunicaciones mundiales que fluyen por la red de internet.

Según información pública de la NSA, la agencia tiene implementados varios programas de vigilancia, mediante los cuales se pueden extraer información de los videos subidos a internet, reconocimiento de voz, con toda la información recopilada se podría hacer un perfil de cada ciudadano e indicador patrones de comportamiento individual y social. Tras la gran filtración de información la NSA han creado un sitio web llamado "IC OFF THE RECORD" donde pone a la disposición de todos los interesados los documentos que fueron filtrados; estos programas de vigilancia fueron desarrollados por la agencia de Proyectos de Investigación Avanzados de Inteligencia (IARPA).

No hay ninguna duda, la red de telecomunicaciones actualmente está siendo vigilada a una escala global, el sistema de vigilancia extrae miles de millones de datos e información en tiempo real; desde mediados del siglo XX el gobierno de los EUA bajo el acuerdo UKUSA, viene operando en conjunto con el Reino Unido, Australia y Nueva Zelanda diversos programas de vigilancia de las señales electrónicas. Todos aquellos que hacemos uso de internet estamos bajo vigilancia o por lo menos propensos a la auscultación de nuestros datos privados.

Las grandes empresas proveedoras de internet, y las que desarrollan las nuevas tecnologías de telecomunicaciones, son la piedra angular de las nuevas reformas legislativas que intentan controlar la red; los teléfonos celulares son capaces de funcionar como un sensor personal de nuestras actividades, el tráfico de internet fluye por redes operadas por proveedores que estarían sujetas a ordenamientos legales y judiciales a proveer toda la información requerida de millones de personas. Los gobiernos pueden acceder a toda la información de cualquier persona que considere sea un peligro para el orden constituido.

El derecho humano a la privacidad en las comunicaciones trasmitidas electrónicamente está siendo vulnerado sistemáticamente.

La nueva era de la información alcanzó y superó todas las historias de ciencia ficción y teorías de la conspiración, los ciudadanos se encuentran indefensos ante tal avasallamiento, ni siquiera las instituciones que fueron creadas para garantizar los datos personales defienden la privacidad.

La información que genera la población está siendo monitoreada constantemente, el riesgo de que el gobierno pueda tomar medidas que incluyan la eliminación sistemática de aquellas personas que no estén de acuerdo con el actual régimen establecido es real. Debe ser preocupante la multiplicación de operaciones de aniquilación de supuestos enemigos de los EUA mediante los vehículos aéreos no tripulados (UAV), que son controlados a control remoto, estos aviones son comúnmente conocidos como "drones", han operado sin mediar ningún tipo de resolución judicial en países como Afganistán, Iraq, Irán, Somalia, Yemen o Paquistán.

Miles de personas en dichos países han sido atacados por estos drones por considerarlos terroristas. Reportes difundidos por la organización "droneswatch.org" revelan que, casi el 10% de las personas aniquiladas por este sistema de aviones militares, eran civiles inocentes, entre ellos más de 200 niños; el periodista estadounidense Robert Fisk, experto en temas de Medio Oriente, ha escrito sobre las incursiones de los drones en Palestina, Pakistán, Afganistán, y sobre el caso del secuestro y tortura al ciudadano pakistaní Karim Khan, que se convirtió en un activista anti-dron, después de que aviones no tripulados asesinaran a miembros de su familia. Estamos entrando a tiempos oscuros donde las libertades de los individuos y de la sociedad en general no significan nada si se anteponen al beneficio del uno por ciento de la población más rica del planeta, lo que viene es la lucha por el control total desde y a través de la red, estamos al borde de una era donde la sociedad sea totalmente vigilada y el control social sea efectivo, donde cualquier disidencia podría liquidarse mediante un dron.

Hoy las agencias de inteligencia y seguridad pueden conocer cualquier tipo de datos: cuentas bancarias, compras, gustos, ideología y tendencias políticas, obviamente la lectura de correos electrónicos y mensajes de texto; ha quedado claro que las agencias del gobierno utilizan la gran interconexión social en red para extraer información, y de alguna manera catalogar a los ciudadanos, pero la delincuencia y el crimen van en aumento. Las redes sociales, internet, el sistema de telefonía celular o los sistemas de video-vigilancia deben ser herramientas para la búsqueda y captura de las personas que están involucradas en actividades delictivas, pero al parecer los gobiernos solo están atentos a la próxima convocatoria de protesta social.

I.2 Libertad en riesgo

Las diferentes entidades gubernamentales han emprendido acciones por una búsqueda incesante del control de Internet, además de la vigilancia total de internet, este abuso de la vigilancia es de naturaleza dictatorial (Alcántara, 2008). Por eso estas nuevas políticas de vigilancia y control ponen en riesgo el derecho universal de la libre expresión.

La asociación de "reporteros sin fronteras" ha creado una lista de los gobiernos "enemigos de Internet", dónde se incluyen países como: EUA, Reino Unido, India, Rusia, China, Corea del Norte, Siria e Irán.

La vigilancia y el control de internet, son piezas fundamentales en el nuevo tablero del control social, no importa si los países tienen sistemas democráticos o totalitarios. Dentro de los planes de control de la red, los gobiernos han planteado hacer uso del bloqueo de las señales electrónicas, se ha visto que en países donde han aplicado el bloqueo, el malestar social ha incrementado, generando inestabilidad social, que es el pretexto perfecto para encender la faceta represora de los actuales regímenes. La situación económica, social y política a nivel mundial se está agravando, varios países están al borde de entrar a un nuevo ciclo de recesión económica, la corrupción gubernamental se manifiesta con mayor potencia, y al mismo tiempo la impunidad aumenta; esto ha originado que alrededor del mundo varios países estén viviendo una época de protestas sociales, que han nacido y se han fortalecido por el uso de los medios sociales de internet.

El control de la red pasa por tres niveles: en primera instancia se promueve controlar el contenido, para eso impulsan la aprobación de leyes restrictivas sobre la información o datos que se puedan difundir en la red; si eso no funciona, ordenan el bloqueo de páginas o de las redes sociales, y cuando se llegue a desbordar la crítica en la red, ordenarán bloquear todas las señales electrónicas de internet, al extremo de "apagar" la red como sucedió en Egipto en el 2011.

En México ya han habido intentos legislativos por "regular" el uso de las redes sociales, en el estado de Nuevo León ya se dieron los primeros pasos para tratar de censurar el uso critico en las redes sociales, enmascarando la censura política en una legislación para penalizar el "ciberbullyng". El congreso local del estado de Nuevo León, donde los diputados del Partido Acción Nacional aprobaron por su mayoría legislativa a finales del mes de mayo del 2013, una ley llamada "la Ley para Prevenir Atender y Erradicar el Acoso y la Violencia Escolar", dicha reforma deja a la interpretación muchos aspectos que podrían ser vinculantes a una supresión de los derechos como la libre manifestación de las ideas, derechos consagrados en la Constitución Política de nuestro país.

24

La ley "contra el ciberbullyng", como casi siempre pasa en nuestro país, primero se aprobó y después se analizó; los diputados locales del estado de Nuevo León alegaron que la ley puede revisarse y mejorase, y que lo importante es que se aprobó y que protegerá a los menores, pero entonces las preguntas son inevitables: ¿Por qué no se analizó antes para mejorarla? ¿Cuándo se realizaron los foros y consultas a la ciudadanía o expertos del tema?

Aprobar una ley con repercusiones sociales importante sin previa consulta pública es común entre los legisladores mexicanos, solo después de aprobada se realizan programas televisivos de análisis, porque según la mayoría de los diputados, la opinión pública está representada en ellos; pero grupos organizados en las redes sociales como el "Frente Nuevo León" y grupos de académicos, estuvieron ejerciendo su derecho a manifestarse en contra de esa ley, logrando que el gobernador de Nuevo León la anulara por considérala excesiva, y que atenta contra la libertad de expresión. Dicha ley contra el ciberbullyng fue aprobada por el congreso de Nuevo León con la mayoría de diputados del Partido Acción Nacional, y se aproximaba a una reforma estatal que fue aprobada en el año 2011 por el congreso local del estado de Veracruz, donde los diputados locales veracruzanos crearon el delito de perturbación del orden público para castigar afirmaciones falsas a través de cualquier medio, incluidas las redes sociales como Twitter, dicha ley fue conocida como la "ley anti-twitter", pero la Suprema Corte de Justicia de la Nación determinó que era inconstitucional.[2] La actual reforma a las telecomunicaciones aprobada en el 2014

---

[2] Visto en http://www.libertad-expresion.org.mx/noticias/corte-tumba-la-ley-duarte-contra-tuiteros/

por el congreso de la unión en México, prevé el bloqueo de las señales de internet cuando *"así lo instruya la autoridad competente para hacer cesar la comisión de delitos"*[3]. Desconectar un país de Internet parece algo imposible, pero ya sucedió.

El apagón de una red nacional sería el último paso de la estrategia de control de la red. Los gobiernos tienen el poder de desconectar de la red, páginas o sitios que promuevan, organicen y difundan las acciones de protesta.

A principios del mes de junio del año 2013, en varias ciudades de Turquía, hubo una serie de protestas convocadas por internet, las cuales fueron duramente reprimidas, como las protestas se organizaron y difundieron principalmente por Twitter, el primer ministro turco Tayyip Erdogan declaró: *"Para mí, los medios sociales son la peor amenaza para la sociedad"*[4]. Los mítines de protestas fueron disueltos con el uso de las fuerzas policiales, y las redes de Twitter y Facebook fueron los únicos medios a donde los jóvenes pudieron mandar sus mensajes, además dejaron claro que la mayoría de los medios masivos de comunicación no decían nada de las protestas. Uno de los mensajes que lograron transmitir aquellos jóvenes fue: *"Queridos amigos de todo el mundo, algo muy valiente está sucediendo en Estambul ahora mismo. No estamos recibiendo casi ninguna cobertura de los medios locales a excepción de 2 canales ya que todo los demás fueron suprimidos por el gobierno"*. *"Lo que pido de todos ustedes es por favor ayúdenos a difundir la palabra. Tenemos cobertura cero localmente. Facebook y Twitter son nuestra única fuente*[5].

---

[3] Artículo 190, fracción VII, de la Ley Federal de Telecomunicaciones y Radiodifusión. Publicada el 14 de Julio del 2014. México.

[4] Vea http://actualidad.rt.com/actualidad/view/96310-erdogan-medios-sociales-amenaza-sociedad?utm_source=feedly

[5] Consulte http://www.larepublica.ec/blog/portada/2013/06/05/jovenes-turcos-piden-auxilio-al-mundo-por-twitter-y-facebook/

El 2 de diciembre del 2013 el sitio "1DMX.ORG" fue dado de baja directamente por la empresa que administraba el dominio "Godaddy"; cuando los administradores del sitio preguntaron por qué se había cancelado el sitio, la empresa respondió que fue debido a que el Departamento de Seguridad Nacional de la embajada estadounidense en México mantenía "una investigación policial en curso" sobre el sitio. Al final, la empresa reveló que fue por petición del Centro Especializado en Respuesta Tecnológica (CERT) dependiente de la Policía Federal que canceló el sitio; este caso es una muestra clara de la censura que viene, y de que no importa si existen leyes o no para ello, el sistema de control de la red es vertical, y aunque sean autoridades locales las que pretendan bloquear contenidos en internet, el gobierno de los EUA es el único que tiene el poder de realizarlo de manera global. Las redes sociales de internet al igual que las relaciones humanas tienen distintos matices, y son complejas debido a los diferentes entornos sociales en los que se desarrollan las personas; no por darle "like" a una página de Facebook significa que una persona esté de acuerdo totalmente con lo que ahí se publica. A los legisladores mexicanos aprobar leyes de carácter penal, contra la libertad de expresión en las redes, parece resultarles la vía más adecuada para tratar de controlar las redes, la iniciativa presidencial para la reforma en Telecomunicaciones planteó en el artículo 145, fracción III lo *siguiente: "Los concesionarios y autorizados que presten el servicio de acceso a Internet (…) podrán bloquear el acceso a determinado contenidos, aplicaciones o servicios a petición expresa del usuario, cuando medie orden de autoridad o sean contrarios a alguna normatividad"*.

La iniciativa plantea la censura en la red, además de proponer que las empresas proveedoras de internet puedan almacenar datos, y también autoriza la geolocalización de los dispositivos utilizados; estaremos muy pronto y legalmente viviendo bajo un régimen totalitario, donde obviamente la difusión y organización de una protesta social sería contrario a la normatividad del régimen, y el Estado estaría en su derecho de acallar, localizar, reprimir a los inconformes, disidentes o aquellos que simplemente retuiten un *hashtag* que critique al gobierno.

En abril del 2014 se conformaron una serie de protestas en varias ciudades de la república mexicana, mediante la difusión en las redes del *hashtag* #nomaspoderalpoder; el cual tuvo más de 52,000 menciones en Twitter entre el 5 y 10 de abril, las fuerzas y la capacidad de convocatoria de los grupos, que no están de acuerdo con la de ley de censura, dieron un triunfo temporal al recorrer la discusión de las leyes secundarias para telecomunicaciones para el mes de junio, miles de personas se están haciendo presentes con comentarios, tuit y retuits en las redes, haciendo sentir el rechazo general hacia la legalización de la censura en las mismas. El aplazamiento temporal de la aprobación de las leyes secundarias se dio porque grupos ciudadanos se manifestaron en contra, y el movimiento traspasó las fronteras mexicanas, grupos de activistas internacionales como el "YoSoyRedTv" subieron un video en inglés donde daban a conocer la iniciativa presidencial para las telecomunicaciones en México, con el lema *#EPNStop What's Happening in Mexico? A global call for freedom,* el video al primero de mayo del 2014, contabilizaba más de 650,000 visualizaciones.

En México varios colectivos y grupos ciudadanos también han reaccionado ante la censura que se avecina, el silencio y la censura son activos fijos de las dictaduras, después sigue la tortura y desaparición física de los inconformes al sistema dictatorial. La manifestación logróque a nivel mundial se conociera la posible censura en México de contenidos en la red de internet, incluso se mencionó la idea de crear un partido de internet, la propuesta vino directamente de Kim Dotcom, fundador de Megaupload y activista por un internet libre, y propuso financiarlo directamente; el activista multimillonario se encuentra actualmente en arresto domiciliario en Nueva Zelanda por incumplir diferentes leyes sobre los derechos de autor.

El *hashtag* #EPNVSINTERNET se volvió viral y tuvo más de 300,000 retuits en las primeras cuatro horas, logrando llamar la atención mundial, varias organizaciones y colectivos de todo México hicieron llamados a realizar marchas en varias ciudades del país para protestar contra la censura de las redes, el 22 de abril del 2014 en la ciudad de México se reunieron miles de ciudadanos en el Ángel de la Independencia y de ahí marcharon al Senado de la República, después partieron a las instalaciones de televisa, donde hubo detenciones violentas, y según se investiga por parte de la CDHDF, violaciones al protocolo y abuso de autoridad en las detenciones. El día 3 de junio del 2014, se organizó otra manifestación llamada "global call to stop epn"; activistas crearon el sitio web "contraelsilencio.wordpress.com", donde se puede encontrar información sobre la situación política, económica y social de México. El activismo de las redes es un tema que ha preocupado a los líderes políticos, cuando las críticas empiezan a convertirse en tendencia, entra en operación una estrategia para detener el *trending topic* mediante el uso de bots.

Esto se ha vuelto una técnica para detener la información o comentarios adversos al gobierno, y los ataques forman parte de la estrategia del control y censura de la red.

El investigador Alberto Escorcia del sitio "loquesigue.tv" ha realizado el análisis de una variedad de ataques bots, regularmente dichos ataques son dirigidos a *hashtags* emitidos en contra del gobierno mexicano, o de apoyo a activistas sociales.

Pero cuando el bloqueo de sitios o ataques bots no logren acallar la inconformidad social en las redes, los gobiernos se jugarán su última apuesta: el cierre total de Internet. Las redes sociales se han convertido en una proyección virtual de la realidad social; la sociedad se rige por leyes, reglamentos y ordenamientos, las redes sociales de internet indudablemente deberán evolucionar a un entorno más controlado, como una extensión del comportamiento humano. Pero bajo el actual esquema de espionaje mundial a través de internet sería necesario que tuviéramos en cuenta lo siguiente: ¿Cuál será la ponderación para determinar que alguien es un criminal o por lo menos estar bajo sospecha? Es claro que para un gobierno represor y totalitario cualquier persona o ciudadano, por el solo hecho publicar o retuitear información o una opinión crítica sobre el gobierno o sistema político, será considerado peligroso, pero las agencias de inteligencia están construyendo sistemas para espiar las comunicaciones privadas de todos por igual ¿Cómo determinará la autoridad el lugar o los momentos críticos para la seguridad pública o nacional?, ¿y que esto conlleve al bloqueo de señales de telecomunicaciones?

El Comando Conjunto de las Fuerzas Armadas emitió en su reporte[6] anual del año 2008, que México estaba en peligro de convertirse en un Estado fallido, una teoría que se ha convertido en una ley para millones de mexicanos, desde el sexenio de Felipe Calderón la guerra del narcotráfico ha convertido regiones extensas del territorio nacional en zonas de alto riesgo, donde no existe la seguridad pública; en ciudades, pueblos y regiones enteras los ciudadanos están indefensos ante los grandes grupos del crimen organizado, en algunos casos se han agrupado en autodefensa como alternativa de proveerse seguridad.

En México la violencia es la primera causa de muerte en los hombres jóvenes, además hay que sumar el desempleo, la des-educación, la mala alimentación, la ausencia sistemática de la cultura y el arte. Recientemente el Instituto Internacional de Estudios Estratégicos (IISS) con sede en Londres, Inglaterra, presentó su informe anual 2016, y ubicó a México como el segundo país más violento, solo superado por Siria.

I.3 Punto de quiebre

El desplome de uno de los bancos más importantes e influyentes de Nueva York en el 2008 desencadeno alrededor del mundo una cadena de problemas económicos, sociales y políticos; el actual sistema financiero mundial tiene su fundamento en la vorágine de las ganancias ultrarrápidas y las especulaciones financieras.

---

[6] Consultado en: https://www.fas.org/man/eprint/joe2008.pdf (página 36)

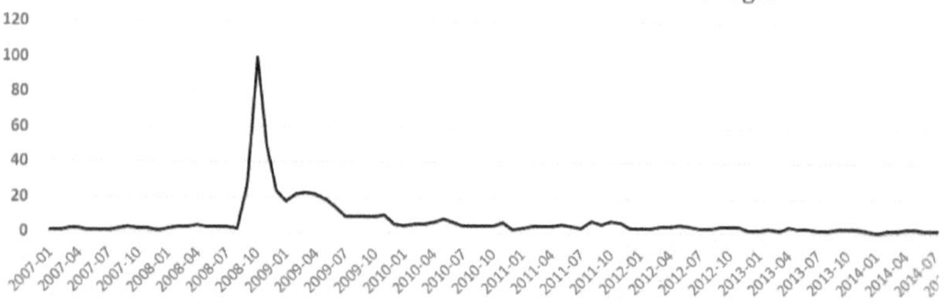

El modelo económico que desde los EUA se impone a los países en "desarrollo" políticas de privatización, desregulación, de apertura comercial y de liberación de tasas, ha creado un entorno para incentivar la especulación económica, acrecentado el desempleo, la devaluación y el control de los salarios.

Las políticas de contención del gasto público, la privatización de los recursos naturales, y prácticamente de la mayoría de los servicios públicos, son derivaciones del modelo neoliberal impuesto, el cual ha tenido como resultado la destrucción de las políticas de protección social y la concentración de la riqueza en unas cuantas personas, lo que conlleva a una desigualdad social a escala mundial.

Más de 73 millones de jóvenes profesionistas y adultos se encuentran sin empleo alrededor del mundo[7], y sin la posibilidad inmediata de encontrar trabajo bien remunerado, además de millones de "ninis" que deambulan hacia el camino de las actividades delincuenciales, para estos millones de jóvenes no hay futuro y puede considerarse que son una generación en peligro. Todo lo

---

[7] Consultado en: http://ilo.org/global/topics/youth-employment/lang--es/index.htm

anterior, además de la situación social particular de cada país, ha creado las condiciones para los estallidos sociales que muchas veces terminan en situaciones de dolor y muerte, acelerando la destrucción del tejido social.

Las guerras civiles desangran y fracturan las naciones, algunos gobiernos no han dudado en ejercer la violencia y utilizar la represión asesina para tratar de frenar los movimientos sociales que han nacido, organizado y fortalecido en la red de internet.

Estamos ante el nacimiento de una nueva forma de revolución política y social que se está generando desde las redes sociales de internet, por eso los que se benefician del actual estado de las cosas recurren a las medidas coercitivas que promueven la censura o, al menos reducir y en su caso controlar, lo que se difunde por la red de internet.

El surgimiento de estos movimientos sociales se ha dado en países con diferentes culturas y tipos de gobiernos, tanto en los democráticos como Islandia y España, o dictatoriales como en Túnez y Egipto, cualquiera que sea el tipo de gobierno donde han aparecido las protestas sociales, el poder político busca censurar las redes sociales de internet.

La censura enciende más las protestas, la indignación social es global por la misma naturaleza de la sociedad y de la red de internet, la crisis financiera del 2008 es el punto de quiebre del sistema mundial económico, el cual agudizó los problemas sociales, el mundo se encuentra inmerso en la globalización no solo económica sino de insurgencia.

Vivimos en una sociedad donde cada vez más las personas que expresan sus ideas o denuncias, lo hacen de manera anónima, porque si lo hacen con sus datos verdaderos, pueden ser objetos de todo tipo de represalias. Existen varios métodos de encriptación de mensajes o sistemas para no ser identificados, estos métodos han tomado importancia para aquellos que se dedican a la difusión anónima de información, hay que estar conscientes de que todo lo que hacemos dentro de la red queda registrado en alguno de los servidores de los proveedores de internet, y que estas empresas privadas pertenecen al grupo de la élite mundial; correos electrónicos, direcciones web visitadas, conversiones en salas de chat, estos datos se pueden cruzar con bases de datos de los sistemas de video-vigilancia, los cuales en su gran mayoría tienen la capacidad de reconocimiento facial y de voz, además todas las operaciones bancarias que se realizan desde internet son fácilmente rastreables, cuando pagamos con alguna tarjeta dejamos un rastro electrónico, desde la terminal de pago hasta el servidor del banco. La geolocalización en tiempo real es posible con los nuevos smartphone, con todos estos datos se pueden crear perfiles de cada persona.

La denuncia pública a través de las redes ha sido el catalizador de los movimientos sociales que desataron protestas en varios países árabes, y también en países de Europa y América. La relación y correlación de esta ola de indignación mundial no puede enmarcarse solo a un conjunto de variables; algunos de los movimientos de protesta social en la región del Medio Oriente claramente fueron impulsados por intereses extranjeros.

Desde el 2008 han aparecido diversos movimientos sociales, unos han sido electorales, otros solo de protestas, pero en la mayoría se han manifestado de manera pacífica, lamentablemente en la región árabe han costado la vida de cientos de miles de personas, pero dos factores tienen en común estos movimientos: la indignación social y el uso de las redes sociales de internet.

I.4 Estructura social en red

El avance de la electrónica ha permitido que los dispositivos de telecomunicación móvil sean cada vez más pequeños, ligeros y multifuncionales, por eso los programas de Facebook, Twitter, YouTube, Skype, Yahoo!, Hotmail, Google, Instagram, LinkedIn han logrado colocarse como programas de uso continuo, la actual generación de jóvenes utilizan estos programas y dispositivos de manera natural en casi todos los aspectos cotidianos de sus vidas, para las generaciones pasadas representan grandes avances tecnológicos, que solo eran posibles en alguna película de ciencia-ficción; pero el desarrollo de software hizo la interface hombre-máquina más accesible, también está la integración de la tecnología táctil a los modernos "Smartphone".

Este nuevo conjunto de software y hardware es lo que ha permitido que las telecomunicaciones y la "social media" sean procesos sencillos; no se necesita tener conocimientos avanzados de programación computacional para "subir" una foto o un video a internet, así mismo es relativamente sencillo mandar un correo electrónico o realizar una video-llamada; por otro lado el hardware, que es el soporte material donde se alojan y se desarrollan estos programas, han desarrollado dispositivos electrónicos ultraligeros cada vez con mayor capacidad de procesamiento de datos y almacenamiento, como los modernos teléfonos celulares que en realidad son mini-computadoras equipadas con diversas aplicaciones y sensores que cada día se forman parte esencial de la vida de las personas. Las redes han hecho posible que podamos tener información casi instantánea de lo que sucede a nuestro alrededor, lo que pasa en nuestra familia, amigos y en el entorno local, regional y en el mundo. Las personas pueden subir información en diferentes tipos de medios sociales, y esta puede ser vista por decenas, cientos o miles de personas, las redes sociales de internet están en constante actualización de información, esta generación de jóvenes es conocida como la generación del Facebook, que según estimaciones tienen una edad entre 15 y 24 años.

La actual generación suministra y requiere de información constante de sus amigos, familiares; hechos que en la gran mayoría de los casos hace una década pasaban inadvertidos. Todavía a principios del presente siglo para mandar mensajes de texto se tenía que utilizar un sistema de radiocomunicación que solo podía recibir el mensaje a través de un "bipper", que era un pequeño radio-receptor, la persona que enviaba el mensaje tenía que redactar a una operadora de una central de mensajes, no había una discreción del texto ya que este era escuchado al menos por la operadora que escribía y transmitía el mensaje.

La tecnología del teléfono celular es a través de señales digitales, en México ya opera en algunas zonas la tecnología 4Glte, el servicio de mandar o recibir mensajes de texto (SMS) está en vías de extinción; hoy existen aplicaciones casi sin costo, desde las cuales se pueden enviar mensajes de texto, foto, videos, mensajes de voz, como la popular aplicación para Smartphone llamada "WhatsApp", que ha logrado situarse como una de las aplicaciones más importantes para la comunicación. En menos de una década los hábitos de información y comunicación se han transformado y evolucionado a una velocidad exponencial, lo que antes parecían dispositivos de espionaje avanzados o de ciencia-ficción, hoy está al alcance de la población en general, las sociedades modernas se desarrollan en un entorno de comunicaciones móviles; hace pocos años era más común checar los medios sociales, correo electrónico desde una laptop o notebook, que desde un celular. Los nuevos celulares ofrecen mayor portabilidad que las computadoras de tipo notebook o laptop.

Las nuevas tendencias tecnológicas en el área de la telefonía celular hacen parecer obsoletos a las laptops y notebooks, Smartphone y tabletas están inundado el mercado de las telecomunicaciones móviles portátiles, tienen mayor aceptación en los más jóvenes y han sobrepasado las expectativas de ventas en más de 142% en el primer trimestre del 2013 con respecto al mismo periodo del año anterior, esta generación del Facebook o también llamada 2.0, los utilizan continuamente y casi durante todo el día, desde estos nuevos dispositivos llamados Smartphone se puede tomar fotos, videos, editarlos fácilmente y subirlos a las redes sociales; también se puede revisar el ambiente meteorológico, ver la posición geográfica mediante el GPS, abrir documentos de office, mandar mensajes y fotos, y existen miles de aplicaciones que se pueden descargar de la red de internet, los nuevos celulares han integrado en un solo dispositivo toda la posible gama de telecomunicaciones, además de las aplicaciones de audio y video. Estas nuevas aplicaciones tecnológicas han impactado drásticamente en el comportamiento de la sociedad, la alta velocidad de difusión de la información ha sido tal que: noticias, información, datos, imágenes, textos, videos, llegan uno tras otro en cascada a cada usuario de la red; mientras los medios tradicionales de comunicación, tardan horas en procesar la información, la línea editorial de los medios masivos tiene que seguir un proceso que hace que las noticias tarden en salir en los noticieros.

No sucede así con las noticias que se generan desde las redes de internet, estas son dinámicas, instantáneas y permean la realidad social de una manera casi directa.

Las redes sociales hoy llevan la vanguardia del pulso ciudadano, su éxito es la autogeneración de la información, en Twitter por ejemplo cada usuario suma su opinión, de esa manera se generan las tendencias de información en las redes, los medios tradicionales de comunicación están por muy por debajo de la velocidad e independencia de las redes sociales, incluso la mayoría de las agencias noticiosas están a la espera de las nuevas tendencias de opinión en Twitter, YouTube y Facebook para dar las "nuevas" noticias, nuestra sociedad actual es una sociedad conectada a la red y casi siempre "online".

Las redes sociales son sistemas complejos que se pueden entender mejor si se analiza de manera gráfica su estructura y composición.

Internet existe gracias a una red mundial de computadoras, dispositivos, notebooks, tablets, celulares, smartphones. Estas conexiones se pueden representar gráficamente y observar como la red se extiende por casi todo el planeta, podemos visualizar en mapas y diagramas las redes de cable de fibra óptica, las redes de microondas, de cable coaxial, las redes informáticas locales y regionales telefónicas, todo esto nos da una idea de la funcionalidad de la red. Pero internet no solo es una estructura física de computadoras y dispositivos, la gran red de internet se ha indexado en nuestras vidas de manera sorprendente, mediante redes sociales que se forman y se expanden con gran rapidez en las sociedades humanas, y aunque el concepto "red social" parezca novedoso, no es así; el estudio de los grupos sociales, las conexiones entre ellos y las redes que se van entretejiendo lleva más de dos siglos de estudio; en el siglo XVIII Durkheim y Ferndinand Tonnies (Almazan, 2011). Jacob L. Moreno iniciaron la sociometría[8] que tiene la finalidad de estudiar las relaciones, entre las estructuras sociales y el bienestar psicológico.

En la actualidad se han desarrollado poderosos algoritmos, que mediante programas informáticos pueden realizar análisis de redes sociales; obtener datos y estadísticas e incluso graficar y observar cómo se van entrelazando los intereses, ideas, pensamientos o gustos personales con otros integrantes de la sociedad.

El análisis de las redes sociales es algo indispensable para observar y analizar cómo se van formando los movimientos sociales, y cómo estos se auto-organizan e interactúan; en las redes hay usuarios que sobresalen por el alcance de sus publicaciones, menciones o retuits; esto nos puede dar una idea de quienes son los líderes de opinión de alguna discusión en red, y de cómo se entrelazan miles de personas en una gran red, dando como resultado un gran movimiento red.

Los actuales métodos informáticos para el tratamiento de datos, han provisto de numerosas herramientas gráficas que son capaces de mostrar las interacciones entre diferentes elementos, que pueden ser personas, procesos o empresas.

---

[8] Consultado en http://columbiadatascience.com/2012/11/01/week-9-morningside-analytics-network-analysis-data-journalism/

Con estas técnicas de análisis se pueden realizar gráficas de las redes, y así poder identificar las personas (nodos) de mayor interacción o su grado de interconexión. La ciencia de las redes nos ofrece la oportunidad de la visualización las estructuras generadas en torno a una discusión en una red social como Facebook o Twitter.

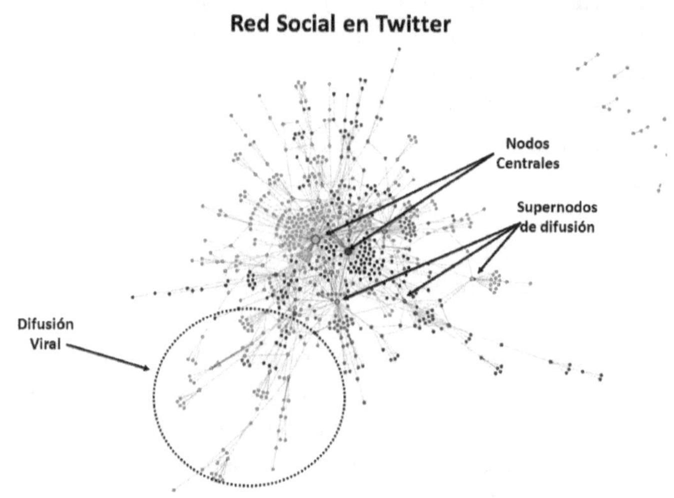

En la estructura de una red social las personas son los nodos o los puntos, y la relación entre ellos, los vértices o las líneas de una red, a medida que estos se entrelazan van creando comunidades o clústers, creando una interconexión de los elementos; estas ramificaciones se pueden unir a otras, con lo cual la red se puede expandir ya sea por un solo intermediario o varios nodos, creando una difusión viral.

Si un nodo aparece como tipo estrella significa que el nodo casi no tiene interconectividad, y solo es un difusor dentro de su grupo de contactos; en una red entre mayor sea la interconectividad mayor será el impacto que tenga la dispersión de algún contenido. En las redes de internet hay opiniones, textos, fotos, videos o simplemente algún comentario de ciertas personas que generan reacciones en cadena y pueden llegar a cientos de miles o millones, en las redes sociales de internet lo más importante es la interacción; en Twitter cuando algún *hashtag* empieza a dispersarse con una alta velocidad, se vuelve una tendencia de opinión social, comúnmente denominado "trending topic", replicar la información es la esencia de las campañas virales.

El análisis de un *hashtag* en twitter se puede realizar con varios métodos: mediciones absolutas, mediciones geográficas, mediciones lineales en el tiempo, y las gráficas de redes.

La gráfica de una red social en Twitter puede ofrecernos el tipo de estructura y los nodos principales de la red, además también se puede determinar si la interacción se debió a la expansión de un tuit o re-tuits, o si el nodo central o de difusión fue objeto de menciones que pueden ser a favor, en contra o neutrales.

Capítulo II
Indignación global

II.1 Potencia de red

Las redes sociales y las nuevas tecnologías de información y comunicación han dado inicio a un nuevo campo de batalla político y social, grupos de ciudadanos, políticos, sindicalistas, obreros, intelectuales, empresariales y académicos que promueven y luchan por un cambio social, que asegure una equitativa distribución de la riqueza nacional, están utilizando las redes sociales de internet como herramienta política; las redes se han convertido en un espacio de confrontaciones políticas e ideológicas, son un potenciador de las ideas. Twitter y Facebook abrieron nuevas formas de expresión social, el uso político se ha dispersado, ahora cada usuario puede ser el próximo generador de opinión pública.

En Twitter los *hashtags* de indignación fueron los canales de comunicación social donde se concentraron los mensajes de apoyo y de protesta, y en la primavera árabe, millones de personas tuitearon y re-tuitearon algún *hashtag* sobre la revolución del jazmín, el alcance desde las redes de las protestas fue mundial, y de manera orgánica natural, creando redes de difusión viral de indignación y solidaridad.

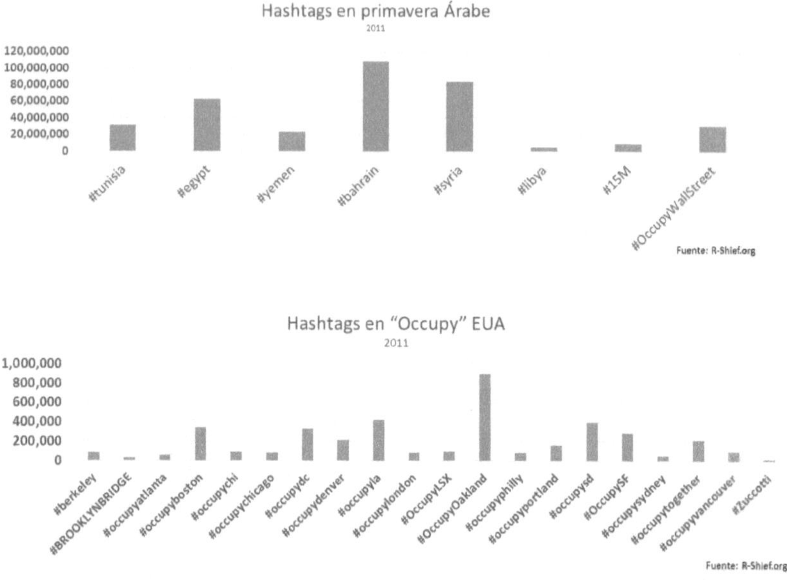

Pero al margen de la tendencia de estas nuevas formas de expresión social, lo que es un hecho es que la actual generación tiene más herramientas de comunicación, por lo cual se podría esperar que los nuevos movimientos sociales se organicen de forma más rápida, de forma espontánea y con ello puedan impulsar una verdadera transformación social, haciendo a un lado la manipulación de los grandes medios masivos de comunicación, que son empresas que se han consolidado como verdaderos oligopolios de la comunicación, en alianza con los poderosos grupos empresariales y políticos. Las redes están cada vez más presentes en actividades sociales; si bien iniciaron como simples herramientas de comunicación entre amigos y familiares, hoy casi todas las empresas tienen por lo menos cuenta de Facebook de Twitter; al igual que las escuelas, las universidades, sindicatos, los medios, los hospitales, las dependencias gubernamentales.

Para lograr la organización de cualquier campaña o movimiento, la información, el debate o la indignación, deben pasar del plano virtual al plano físico. Las recientes manifestaciones de inconformidad fueron llevadas a cabo en distintos países, lograron traspasar el ciberespacio y se trasladaron al espacio público.

En los últimos diez años las telecomunicaciones han cambiado de manera drástica; en el año 2008, el servicio de mensajería de BlackBerry y los mensajes de texto por celular (SMS) eran lo más popular entre los usuarios de telefonía celular en los EUA. Las redes sociales son algo que va más allá de la comunicación, ya no solo se trata de enviar mensajes, se trata de la generación de contenido, interactuar con otros usuarios conocidos o desconocidos, amigos de amigos.

Las redes están definiendo cada vez más el espacio físico de la interacción humana, cada punto de la gráfica siguiente es un generador de contenido (imágenes, texto, videos, noticias), de ahí su supremacía comunicacional frente a los medios tradicionales, los medios sociales están tomando más poder y potencia, el cual se puede vislumbrar, cuando casi sin explicación, algún contenido es visto por millones en cuestión de minutos, creando la siguiente tendencia nacional e internacional. La ciudad de Nueva York es sin duda una de las ciudades más híper-conectadas del mundo, en contraste existen zonas geográficas enteras que no tienen acceso a la red, la brecha digital es muy alta, si comparamos un país desarrollado como los EUA con un país subdesarrollado como México, el nivel de interconexión de sociedad red "on line" está relacionado con el nivel económico del país.

La brecha digital entre los países ricos y los países en vías de desarrollo es enorme, las limitaciones de acceso a la red de internet restringen el desarrollo de la democracia de las sociedades.

En países como México aún hace falta mucha infraestructura, son pocas las ciudades y zonas del país que cuentan con redes wifi de cobertura amplia metropolitana.

Las redes sociales de internet han ido tomando un papel preponderante dentro del complejo sistema social, pero no han sustituido las formas tradicionales de interacción social como lo son: el saludo directo, la plática, en cuestiones políticas u organización de grupos sociales, la visita domiciliaria, los mítines en los barrios o colonias, la distribución y lectura de folletos siguen, siendo de vital importancia.

Los cambios políticos y las transformaciones sociales no dependen del número de "likes" o del número de visitas en algunas páginas web, o las visitas a los videos posteados en YouTube. La transformación de una sociedad hacia la dirección del progreso con justicia y equidad, es un asunto de conciencia social entre individuos socializados y politizados.

Los medios sociales de internet fueron creados para la interacción entre amigos, pero pronto fue adquiriendo otros roles. La raza humana se distingue de las demás especies, no solo por su inteligencia, somos la única especie con la capacidad de crear estructuras sociales complejas; sistemas de gobierno, política, economía, religión, cultura y todas aquellas organizaciones que integran una sociedad civilizada, lo que llamamos "sociedad humana" es en realidad un sistema social, basado en una híper-red, construida con relaciones que se deben a interacciones directas e indirectas entre los seres humanos. Lo que sucede en la sociedad se refleja en las redes de internet y viceversa.

Las crisis sociales no reconocen fronteras, ni sistemas, ni gobiernos; el desempleo, la falta de cobertura social, pérdida del poder adquisitivo, empleos mal pagados, jubilaciones insuficientes, educación y salud cada vez más costosas, son factores comunes en casi todos los países del mundo, pareciera que todos pierden. Pero no es así, unos cuantos, muy pocos comparados con el resto de la población mundial, están ahora mismo acumulando una riqueza desorbitante, esta política económica de acumulación es irracional y no tienen ningún sentido o respeto por la humanidad, mucho menos con el medio ambiente.

La mitad de la riqueza mundial está concentrada en unas cuantas personas, que representan poco menos del 0.001%, esta riqueza acumulada es el producto del trabajo de cientos de millones de trabajadores, y también de la exclusión de las riquezas naturales de miles de millones de personas.

En una sociedad en red ya no es posible seguir ocultado el oprobio generalizado, especialmente hacia los jóvenes de cualquier parte del mundo, cada día tienen menos expectativas de terminar sus estudios preparatorios, mucho menos de terminar alguna carrera profesional, y si llegan a terminar alguna carrera profesional, encontrar un trabajo bien remunerado sería su primer trabajo de tiempo completo.

"La generación red" está padeciendo graves problemas y se están acumulando peligrosamente; es necesario un cambio fundamental. Si dejamos a la deriva la actual generación, la humanidad entrará de lleno a una era aún más oscura que la Edad Media, pues de nada servirá que nuestros jóvenes usen tecnología, si muy pocos entenderán lo que es la ciencia. La actual generación será como la maquina y herramienta de algún proceso empresarial, y cuando sus organismos enfermen, sus integrantes serán desechados, y su puesto laboral será reemplazado por cualquier otro analfabeto funcional.

La humanidad está entrando a una era de interconexión total, la generación pasada vivió los albores del internet, pero los niños de hoy nacieron en red; hoy más que nunca las dos generaciones tienen que caminar juntas, es un tiempo histórico e irrepetible, pero las generaciones futuras vivirán sus vidas siempre conectadas a internet, y los nuevos movimientos sociales serán movimientos red generados desde internet.

II.2 *La redvolución vikinga*

La crisis financiera mundial del 2008 tuvo un impacto irreversible en las finanzas públicas de Islandia, y fue la razón de la revolución Islandesa; la especulación financiera dejó en bancarrota las finanzas públicas y privadas; Islandia es un país con poco más de 320,000 habitantes, conocido por su paisaje con grandes montañas, de géiseres, volcanes y grandes glaciares; la historia del pueblo Islandés se remonta a la tradición Vikinga, y ha sido gobernado por los reinos de noruega, y después por Dinamarca, hasta que en 1944 alcanzó su estatus de república.

Algunos historiadores han descrito que de ahí partió una expedición vikinga que llegó al continente americano mucho antes que Cristóbal Colón. Islandia se rige por un sistema social que promueve el "estado de bienestar", el cual provee de educación y salud de manera gratuita a sus ciudadanos.

Islandia es claro ejemplo del fracaso de la desregulación financiera, con una economía pequeña en términos relativos a las grandes economías, el sector bancario creció a un tamaño desproporcionado sin que las autoridades intervinieran, los bancos tenían plena libertad de fondearse con depósitos extranjeros a un bajo costo, esto ocasionó que el tamaño del sistema bancario alcanzara un tamaño diez veces mayor al PIB de Islandia; todo parecía ir bien hasta que estalló la crisis financiera del 2008, el derrumbe del banco norteamericano Lehman Brothers arrastró también a los tres principales bancos de Islandia, la devaluación de la moneda fue del más del 100%, para el 9 de octubre el tipo de cambio era de 340 euros contra una corona islandesa, para tratar de frenar la creciente devaluación el gobierno implementó subastas diarias para facilitar el intercambio de la moneda, dejando a la oferta y la demanda el valor de la corona islandesa, tan solo el 5 de octubre el periódico inglés The Guardian público en un artículo firmado por Tracy McVeigh *"Las tasas de inflación y de interés están en su apogeo hacia arriba. La corona, la moneda de Islandia, está en caída libre"*. La crisis golpeó con crudeza a los habitantes de aquel país, largas filas en los bancos tratando de sacar sus ahorros, la escasez de comida, la incertidumbre reinaba en esos días de octubre del 2008, la abundancia que se había adquirido luego de que en la década de los años noventa Islandia adoptara las medidas económicas neo-liberales, todo eso llegaba a su fin abruptamente, como bien describió en su artículo McVeigh "*Se acabó la fiesta para Islandia*". [1]

La especulación no había sido provocada por la gente común; la desregulación y apertura del mercado fueron medidas que el gobierno adoptó, y fueron los banqueros los que utilizaron esto para incrementar su sistema bancario.

La indignación social por la crisis se hizo eco en la voz del cantante islandés Hördur Torfason, que empezó a manifestarse frente al parlamento, llamando a los demás a hacerlo cada semana, esta convocatoria fue creciendo semana tras semana y el 20 de enero del 2009 se concentraron aproximadamente 2,000 de personas, la protesta terminó con la represión de las fuerzas policiales y el arresto de más de 20 personas.

Al día siguiente las protestas continuaron, los manifestantes arrojaron al vehículo del primer ministro bolas de nieve en señal de protesta, y aumentó la cantidad de manifestantes a más 3,000[2], sin que esta vez hubiera detenidos, el edificio del parlamento también fue objeto de pintas, pero la policía solo se mantuvo a la expectativa, los manifestantes coreaban consignas en contra del gobierno por la ineficacia de sus medidas económicas, afuera del Teatro Nacional, en el centro de Reykjavik, también se congregaron manifestantes, los cuales hicieron arder una hoguera en señal de protesta.

Después de la movilización del 22 de enero del 2009, siguió otra donde nuevamente apareció la repre-

---

[1] https://www.theguardian.com/world/2008/oct/05/iceland.creditcrunch
[2] http://www.reuters.com/article/2009/01/22/us-iceland-pm-idUSTRE-50L0I120090122

sión, tras estas movilizaciónes sin precedentes en Islandia, el primer ministro Geir H. Haarde anunció el 23 de enero nuevas elecciones, pero esto no detuvo las protestas, no fue sino hasta que en un acuerdo político de las principales partidos políticos y del movimiento de izquierda-verde, tomó posesión como primer ministro la ex ministra de asuntos sociales Jóhanna Sigurðardóttir, el 1 de febrero de 2009, las elecciones se llevaron a cabo a finales del mes de abril, en la cuales el movimiento de izquierdas logró la mayoría, además surgieron otros partidos como el del movimiento de los ciudadanos.

El nuevo gobierno se consolidó en un gobierno emanado del pueblo y, que antepondría el interés general a los intereses particulares, para llevar a cabo esa tarea se crearon asambleas ciudadanas, después de eligieron estadísticamente 500 personas voluntarias para formar el Consejo Constitucional, cada lunes y martes se reunían para discutir los textos, los miércoles se votaban en el pleno y se publicaban el jueves por internet[3], esta nueva forma de crear una constitución, ha sentado un precedente histórico al utilizar las redes sociales de internet como Facebook y Twitter para sumar la participación de los ciudadanos en su redacción, además utilizaban YouTube para subir videos con entrevistas de los consejeros; la mayoría de la población islandesa tiene acceso a internet de banda ancha, y es ahí donde radica la importancia del acceso universal a internet. El espíritu de la nueva constitución impulsada por ciudadanos desde internet establece como ejes fundamentales la transparencia gubernamental, el cuidado de la naturaleza, el derecho al agua, y quizás lo más importante: deja establecido que

---

[3] Vea: http://www.dw.de/islandia-y-su-experimento-constitucional/a-16683650

los recursos naturales son propiedad de la nación islandesa.

La redacción de una nueva ley ha sido un logro ciudadano, y a la hora de elegir optaron por líderes sociales de izquierda. La revolución Vikinga marcó un hito en la historia moderna de la política, y es considerada en ocasiones como un mito; pero es una realidad tangible, las movilizaciones y la organización social pueden impulsar cambios radicales a la estructura del sistema político, así lo demostró el pueblo Islandés que salió a protestar por el quiebre financiero; el movimiento logró tumbar al gobierno, exigió castigo a los especuladores financieros que llevaron a la quiebra a un país entero y se negaron a pagar por sus errores. Han dado un salto social al indexar las nuevas tecnologías de información y comunicación, utilizado la red de internet para crear una nueva constitución política conocida como la "wiki-constitución". La revolución social pacífica islandesa logró echar fuera del gobierno a una clase política conservadora que demostró que solo servían a los intereses de los banqueros, los cuales sin mediar ninguna restricción financiera, hicieron de Islandia su paraíso financiero durante décadas, es importante mencionar que estas prácticas de desregularización son promovidas a nivel mundial por los organismos financieros internacionales, los cuales se han convertido más que en partidiarios, en instauradores del neoliberalismo; estos promotores del libre mercado, de la libre competencia, de las privatizaciones, no dudan en cargar los costos al pueblo cuando hay problemas financieros en los negocios privados; <<en México el caso emblemático de esta "política" es el FOBAPROA, mediante el cual se convirtieron deudas privadas en deudas públicas>>; pero el pueblo de Islandia logró instaurar un gobierno de coalición de Izquierdas, el cual ha frenado las políticas especulativas y se ha enfocado en el rescate financiero del pueblo. Si los pueblos avanzados socialmente salen a protestar por problemas financieros, no sería ninguna sorpresa que pueblos pobres también salgan a las calles.

III.3 *La redvolución ardiente*

En un pueblo pequeño de Medio Oriente la inmolación de un joven tunecino, desató una de las revueltas que darían inicio a una sucesión de protestas, expandiéndose a toda la región del y al norte de África. Túnez fue la chispa que incendió la muy seca pradera de libertad y justicia de la zona árabe. En un barrio pobre de la pequeña ciudad de Sidi Bouzid, la inmolación de un joven vendedor ambulante el 17 de diciembre de 2010, desato el incendio social en un país sujeto a un gobierno autocrático, donde el poder presidencial lo ejercía Ben Ali desde 1987, el joven Bouazizi se inmoló como protesta tras el decomiso de su carrito ambulante por parte de la policía, porque no tenía permiso para vender en la vía pública.

Las protestas fueron impulsadas en su mayoría por jóvenes universitarios y profesionistas sin empleo, tras la muerte de Bouazizi el 3 de enero de 2011, las protestas se hicieron masivas y el gobierno intentó frenarlas utilizando la represión, dejando un saldo de más de un centenar de personas muertas y decenas de heridos. Las protestas continuaron, pero el General Rachid Ammar, quien era el jefe del estado mayor del ejército tunecino, se negó a disparar a los manifestantes (Castells, 2012). Los ciudadanos Tunecinos salieron a protestar, a pesar del latente peligro de represión, y no es que antes no hubieran existido manifestaciones en contra del gobierno, solo que esta vez las imágenes del joven ardiendo en fuego lograron salir de aquella pequeña ciudad, las protestas, marchas y las represiones policiacas se subieron a las redes mediante YouTube, Facebook y Twitter, de repente el gobierno se vio rodeado por un pueblo que exigía la dimisión inmediata del presidente; el pueblo Tunecino había logrado vencer el temor de la represión y logró consolidarse en un movimiento sin lideres prominentes; donde los más preparados debatían en foros donde se discutían los modos de cómo alcanzar la libertad y sacudirse de la opresión de un gobierno, que los había sumido en la pobreza y la desigualdad por décadas. Miles de tunecinos ocuparon las plazas públicas para debatir, y transmitían sus mensajes por la red.

Las protestas empezaron a aumentar en número, había fallado la táctica represiva del gobierno, que intentó parar las primeras protestas con la represión, pero en lugar de eso desató más protestas y marchas de decenas de miles de jóvenes, que mediante las redes sociales como el Twitter y Facebook, subieron mensajes y llamados a la organización, también subieron videos a YouTube de lo que sucedía, y algunas de las marchas o concentraciones fueron trasmitidas en tiempo real; aunque se restringió el acceso a las redes sociales, los activistas lograron romper la prohibición y el movimiento Tunecino llamado la "Revolución del Jazmín" tuvo un efecto dominó en una región que se caracteriza por su conservadurismo social y político. A esta cadena de protestas sociales llevadas a cabo en países del Medio Oriente se le conoció como la primavera árabe, la cual se diseminó por toda la región árabe de manera instantánea.

La Revolución del Jazmín se había fortalecido con el uso de las redes sociales; las tendencias en Twitter mostraron que más 196,000 tuits hicieron mención del #tunisia y para el *hashtag* #sidibouzi más de 100,000 menciones se hicieron en la red, el alcance de los tuits llegó a más de 26 millones de usuarios según un artículo de Alexia Tsotsis,[4] en el artículo hay una gráfica de BackType, donde muestra las tendencias en Twitter, se puede observar que el crecimiento exponencial sucede el día 14 de enero, día en que renuncia Ben Ali. El presidente de Túnez prácticamente salió huyendo del tras 28 días de protestas, Ben Ali renunció el 14 de enero de 2011 a la presidencia de Túnez, pero las llamas de Bouazizi habían empezado a quemar el sistema dictatorial al que estaba sometida toda la región. Actualmente Túnez está transformando su gobierno mediante elecciones democráticas, construyendo su constitución, después de las revueltas hubo asesinatos de líderes políticos que enturbiaron el proceso democrático, pero el pequeño país árabe al parecer no ha perdido el rumbo con el que inicio la Revolución del Jazmín, el pueblo tunecino sigue impulsando la construcción de un país incluyente que sirva a los intereses de todos sus ciudadanos, Túnez es la flama que no se ha apagado del ideal de una lucha pacífica popular, y aunque muchas personas murieron y sufrieron la represión asesina del gobierno, el movimiento no siguió el camino de las armas que hubiera terminando en una guerra civil, con más muertos de los que lamentablemente sucedieron antes del cese del gobierno tirano de Ben Ali.

La revuelta de Túnez llego días después a Egipto, el 25 de enero se inició un movimiento de protesta social

---

[4] Visto en: http://techcrunch.com/2011/01/16/tunisia-2/

que terminó en 18 días con una dictadura de 30 años, las protestas que se iniciaron en Egipto se organizaron mediante la utilización de las redes de internet, principalmente de Facebook, Twitter y también con mensajes de texto vía celular[5].

Al igual que en Túnez seis ciudadanos egipcios decidieron inmolarse para protestar contra el alza de precios; mediante un video[6] que subió a su Facebook la estudiante egipcia Asmaa Mafhouz manifestó: *"cuatro egipcios se inmolaron para protestar por la humillación, el hambre y la pobreza, que han vivido por 30 años, cuatro egipcios se han inmolado pensando tal vez que pudieran iniciar una revolución como en Túnez"*; además en el video manifestó que se plantaría sola en la plaza Tahrir con su pancarta y convocó a bajar a la calle. El video se hizo viral en YouTube y mediante las redes sociales entre amigos, familiares, grupos civiles y hasta equipos de futbol, así mediante la convocatoria a través de las redes sociales de internet, fue como el 25 de enero se logró convocar a la plaza de la Liberación (Tahrir) en el Cairo, a decenas de miles de egipcios, los cuales ocuparon la plaza y la convirtieron en el centro de las protestas que propagaron a varias ciudades Egipcias como Alejandría, Suez e Ismailía, miles de ciudadanos exigían la dimisión del Presidente Mubarak; el 28 de enero fue el día de la marcha del "millón de hombres"; en las ciudades del interior se desbordó la violencia, la quema de edificios públicos, enfrentamientos con la policía, que dejaron decenas de muertos y heridos,

---

[5] Manuel Castells realizo un excelente trabajo al describir en su libro "redes de indignación y esperanza" editado en el 2012 por Alianza Editorial, las diferentes acciones que se suscitaron durante la primavera árabe, los indignados en España y el movimiento social de Islandia.

[6] Ver en: https://www.youtube.com/watch?v=RIuiWLTMonY

ese día el gobierno Egipcio logró bloquear hasta en un 94% el tráfico de la red.

Pero las redes seguían latiendo fuerte, la editora Lauren Indvik escribió en un post [7] algunas estadísticas de aquel momento del bloqueo: más de 245,000 tuits fueron enviados durante ese día, de los cuales el 30% provino de los EUA, 7 % del Reino Unido y un 8% de Egipto a pesar del cierre casi total de la red. Entre los *hashtags* más utilizados por los usuarios de Twitter estaban: Los usuarios están incluyendo con frecuencia la #egypt, #cairo, #Mubarak, # jan28 y #censorship. El movimiento se fortaleció y logró reunir a miles en la plaza de la liberación del Cairo, el 29 de enero el ejército declaró un toque de queda, pero no fue acatado por el pueblo, el cual seguía manifestándose en las calles, y miles de ciudadanos seguían protestando y exigiendo la renuncia de Hosni Mubarak.

Durante varios días por todo Egipto seguían creciendo las marchas y las protestas, la represión por parte de fuerzas policiales del gobierno fue brutal, con un saldo de cientos de muertos y miles de heridos, hasta que el ejército se negó a dispararles a los manifestantes, el líder opositor Mohamed el-Baradei llegó a la plaza de la Liberación y declaró: *"Ustedes son los dueños de esta revolución. Ustedes son el futuro. Nuestra demanda principal es la salida del régimen y el comienzo de un nuevo Egipto en el que cada egipcio viva con honradez, libertad y dignidad"*.

Al cabo de tres semanas de protestas renuncia el presidente Mubarak, pero lejos de instaurarse la vida democrática en Egipto, el poder político volvió a recaer en un solo grupo de poder, contrario al gobierno elegido de-

____

[7] Visto en: http://mashable.com/2011/01/28/cairo-protests-twitter/

mocráticamente después de la revuelta, y de nueva cuenta marchas y protestas se volvieron a organizar. Durante dos años Egipto vivió en una tensión social constante, y en el 2013 el presidente recién electo Mohamed Morsi fue depuesto; esto derivó en una nueva serie de enfrentamientos entre simpatizantes y opositores que trágicamente dejaron más de 600 muertos y miles de heridos en varias zonas del Cairo y ciudades de Egipto. Pero Túnez y Egipto solo fueron la punta del iceberg de lo que vendría, la ola de protestas se extendió por todo el norte de África y varios países del Medio Oriente.

El 27 de enero del 2011 miles de personas salieron a las calles en la ciudad de Sana, en Yemen, para protestar contra el gobierno dictatorial de Abdullah Saleh, que gobernaba desde 1978, Yemen es la nación árabe más pobre de la región, y es considerada como un refugio de grupos islamistas que pertenecen a Al Qaeda; al igual que en Egipto y Túnez, la población Yemení padece de una situación económica terrible, más de la mitad de su población es pobre y una tercera parte sobrevive en la extrema pobreza, el dictador respondió paralizando la constitución para poder reelegirse, esto provocó más protestas, que se caracterizaron por el color rosa como forma de manifestar que las marchas eran totalmente pacíficas, incluso las llamaron marchas del amor, el 1 de Marzo se llevaron a cabo marchas a favor y en contra del régimen, días después, en un intento por detener el creciente descontento, el presidente Abdullah Saleh anuncia cambios constitucionales para establecer una democracia parlamentaria; pero lejos de disminuir la tensión social esta creció, y el 18 de marzo en el campus de la Universidad de Sana, que era el lugar donde se desarrollaban las protestas y se había convertido en el centro de la rebelión unas personas vestidas de civil dispararon contra los manifestantes, dejando una estela de cientos de heridos y casi una treintena de personas muertas.

La revuelta de Yemen se prolongó más de 9 meses y durante todo ese tiempo la represión fue una respuesta constante del gobierno del dictador Saleh, el 3 de junio el palacio presidencial fue bombardeado dejando herido al dictador; el cual se trasladó a la ciudad de Riad en Arabia Saudita para recibir atención médica, la revolución Yemeni dejó centenares de personas muertas, hasta que el 21 de octubre el Consejo de Seguridad de la ONU emite una resolución que pide la dimisión del presidente Saleh, en noviembre se logra llegar a un acuerdo que pacifica el país, pero sería hasta el 22 de enero del 2012 en que el presidente y dictador Abdullah Saleh saliera de Yemen hacia los EUA.

La primavera árabe se esparció rápidamente como un reguero de pólvora y llegó a Marruecos, que es un país que tiene como régimen la monarquía; el movimiento marroquí se empezó formular a finales de enero; bajo la inercia de la revolución tunecina miles de activistas marroquís crearon un grupo en Facebook llamado "Libertad y Democracia ahora" el cual emitió desde la red social su declaración fundadora que iba dirigida al Rey de Marruecos Mohammed VI, quien gozaba de todos los privilegios, el mensaje principal era: *"Hacer los cambios necesarios en el sistema político para permitir que los marroquíes se gobiernen a sí mismos" y "romper con el pasado definitiva e irrevocablemente".*

Desde grupos creados en Facebook los activistas estuvieron posteando caricaturas, imágenes, carteles, mensajes para llamar a la marcha del 20 de febrero. Ese día se llevaron a cabo marchas multitudinarias en todas las ciudades principales de Marruecos: Meknes, Casablanca, Alhucemas, Nador, y en la capital Rabat. Como es de suponer los medios de comunicación masiva ignoraron el llamado, pero a través de las redes sociales y videos los marroquíes lograron comunicar y convocar al movimiento, decenas de videos de ciudadanos que lograron superar el miedo al régimen absolutista de Marruecos o "El Makhzen", revelaron su identidad, y subieron mensajes personales, que en su gran mayoría, eran jóvenes que sin temor manifestaban sus ideas del cambio social que promoviera la igualdad, justicia social, educación y salarios más altos.

El 9 de marzo el Rey de Marruecos pronunció un discurso donde anunció que promovería reformas constitucionales y renunciaría a sus prerrogativas, esto géneró que se convocara a nuevas marchas el 20 de marzo, las cuales se llevaron a cabo con una gran cantidad de manifestantes, en el mes de abril un grupo afín al Rey difundió mensajes bajo el nombre "Marcha de lealtad al rey", los activistas convocaron a una nueva marcha para el 22 de mayo la cual tenía por objetivo manifestarse frente la cárcel secreta de Temará, la marcha fue reprimida por fuerzas policiacas que golpearon y detuvieron a más de una veintena de manifestantes, el 28 y 29 de mayo se llevaron a cabo en otras ciudades como Safi, Fez, Tánger, Casablanca y Salé más protestas que exigían las reformas políticas y el fin del régimen.

El movimiento marroquí utilizó varias páginas web para difundir las marchas y también difundir los actos de represión, la página Mamfakinch.com se convirtió en una plataforma donde se subían videos, mensajes, también se difundieron canciones de revolución, pero el internet también sirvió para difundir temor, a finales de mayo se hizo viral un video donde un hombre amenaza con una hacha a los que salieran a manifestarse, además de que los llamó traidores, el 17 de junio el Rey dio su segundo discurso sobre las protestas, ahí anunció la reforma constitucional, la cual tendría que aprobarse mediante un referéndum, los medios masivos le dieron casi todos los espacios la difunsión de la reforma del Rey. La votación se llevó a cabo el 1 de julio del 2011, la oposición política manifestó que no habían analizado completamente la reforma, aun así, la reforma fue aprobada con un porcentaje del 97.60% de los que votaron; en octubre de ese año decenas de blogueros reunidos en Túnez mandaron un mensaje por YouTube a los ciudadanos marroquís, el cual se expresaban con un ¡Mamfakinch! (¡No nos rendiremos!).

Entre el 17 y 19 de febrero del 2011 se iniciaron las protestas masivas en Libia y tenían como objetivo el derrocamiento del presidente y dictador Muamar "el Gadafi", quien llevaba más de cuatro décadas en el poder presidencial, al igual que en Yemen, en Libia se libró una sangrienta guerra civil, los rebeldes agrupados en el Frente de Liberación de Libia tomaron la ciudad de Bengasi, la cual fue duramente bombardeada por el ejército Libio, ahí fue por primera vez que gobiernos extranjeros apoyaron abiertamente a la oposición con apoyo militar, la OTAN y los EUA llevaron a cabo operaciones de ataque contra las fuerzas del ejército Libio, tras meses de combate y bombardeos la cifra de muertos rondaba entre diez y quince mil personas muertas, el 20 de octubre del 2011 Gadafi es encontrado y es asesinado, con ello terminó la guerra civil y, con la vida de casi 50,000 personas, la guerra terminó pero no así la violencia.

Libia actualmente vive en lo que se puede denominar un Estado Fallido, zonas ocupadas por mercenarios que controlan los campos de explotación petrolera, que ahora son operados por empresas privadas.

En Siria una serie de manifestaciones pacíficas terminaron en una sangrienta guerra civil; al igual que en Libia, esta guerra se originó por las repercusiones de la primavera árabe que había sacudido toda la región en el 2011.

Las primeras manifestaciones de inconformidad se sucedieron en enero del 2011, pero sería hasta marzo de ese año en que llevaría a cabo la organización de manifestaciones masivas en la ciudad de Daraa, las cuales se replicaron en varias ciudades de Siria, ante las manifestaciones el gobierno de Bashar Al Assad reprimió con arrestos masivos; además, la tortura y la censura de las marchas o actos de protesta se incrementaron, pero lejos de disminuir las protestas aumentaron, así que la escala de la represión también, el gobierno mandó a reprimir con tanque y artillería, dejando una estela de cientos de muertos, ante estos actos muchos soldados dejaron las armas para no seguir asesinando a civiles desarmados, pero al mismo tiempo sectores de la población empezaron a tomar las armas.

El horror de la guerra civil Siria ha ido en incremento; uno de los episodios más tristes y crueles ha sido la toma de la ciudad de Homs por parte del ejército Sirio, esta acción dejó más de 12,000 muertos en su inmensa mayoría civiles, la guerra civil ha fraccionado a Siria, actualmente se encuentran enfrentados diversos grupos armados o facciones islámicas, facciones Kurdas, el Ejército Islámico y el ejército sirio, la tragedia de la guerra ha dejado más de 140,000 muertos y más de tres millones de refugiados.

Siria se convertido es un escenario de la maldad y el desprecio por la vida humana, no hay nada que justifique las atrocidades cometidas; además de padecer la guerra de facciones, las potencias militares como Rusia y EUA han bombardeado zonas de Siria, los rusos aseguran atacar posiciones del ISIS.

A inicios del mes abril fueron atacados con armas químicas civiles en la localidad de Khan Sheikhoun, de la provincia Idlib, las imágenes se volvieron virales en todas las redes sociales y en internet. El gobierno Sirio ha negado ser el responsables, pero el gobierno estadounidense bombardeó con 59 misiles, entre ellas la base militar del gobierno Sirio en la localidad de Shayrat. Comparando las redes generadas por el #Syria tras los ataques ruso y norteamericano se puede observar un aumento del interés social por los ataques a Siria.

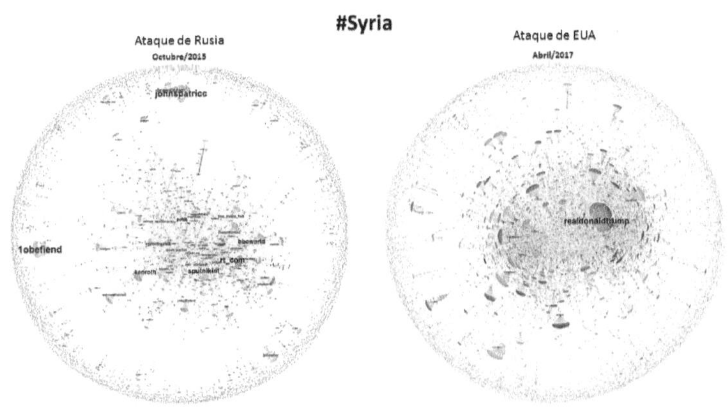

II.4 *La redvolución de los indignados*

El 15 de mayo del 2011 se manifestaron miles de personas en una jornada nacional para salir y tomar la calle y las plazas públicas, pero al final de la concentración multitudinaria que se llevó a cabo en Madrid, decenas de jóvenes españoles decidieron quedarse a acampar en la plaza de la Puerta del Sol; las jornadas de protesta promovían una democracia más participativa, además de protestar contra el poder de los bancos, la protesta se hizo masiva y se dispersó por toda España con el nombre de los indignados. El país Ibérico atravesaba una crisis económica derivada de la crisis del 2008, con una alta tasa de desempleo juvenil, era cuestión de tiempo para que los jóvenes españoles se manifestaban en las plazas principales de las ciudades españolas, levantando mantas y pancartas, donde se leían frases como "Democracia Real Ya" "Si no nos dejáis soñar, no os dejaremos dormir".

#spanishrevolution se convierte en tendencia mundial el 16 de junio del 2011

Tomado de Trendmaps

se organizó a través de las redes sociales de internet, en especial a través de una página de Facebook denominada "Democracia Real Ya", la manifestación del 15 de mayo terminó al día siguiente con la detención de varias personas, pero para la segunda concentración del 17 de mayo, ya eran más de 10,000 personas las que se lograron convocar, las concentraciones y acampadas se dispersaron por todo el territorio español, contabilizando más de 200 acampadas.

Los manifestantes empezaron a utilizar en las redes sociales de internet diversas etiquetas o *hashtags* como: #spanishrevolution, #democraciarealya, #nonosvamos, #15M, #notenemosmiedo, y tras la decisión de las juntas electorales de prohibir las manifestaciones debido a que afectaría las elecciones locales del 22 de mayo empezaron a difundir el *hashtag* #juntaelectoralfacts, tras este fallo de la junta electoral, la policía advirtió que con el incumplimiento de la dictamen se estaría violando la ley, con lo cual los que se siguieran manifestando se podrían hacer acreedores desde multas hasta la prisión. El 20 de mayo se realizó, en asamblea, la Acampada del Sol, donde se difundió una lista de propuestas donde se proponían cambios a la ley electoral, atención a los derechos fundamentales: vivienda digna, salud pública, educación laica y gratuita, abolición de leyes y medidas discriminatorias, reforma fiscal, abolición de los sueldos vitalicios de la clase política, rechazo y condena a la corrupción, cumplimiento de la constitución española que en su artículo 128 que dicta *"toda la riqueza del país en sus diferentes formas y sea cual fuere su titularidad está subordinada al interés general"*, además de la reducción del poder del FMI y del BCE.

Los indignados también reclamaron la nacionalización de los bancos rescatados con el dinero público, entre otras propuestas, que como observamos, eran con un alto sentido social y en clara oposición al sistema capitalista neoliberal. Además de las frases pintadas en pancartas, muros y mantas, también estaban las frases que se difundían por las redes sociales, en especial en Twitter, como el *hashtag* #SpanishRevolution, que se volvió *trend topic* mundial, otro símbolo de la indignación española ha sido la máscara de Guy Fawkes, el cual se volvió icono mundial de los movimientos de protesta social emanadas de la red de internet.

Después de levantar la "Acampada del Sol" se formó la asamblea popular de Madrid, y se constituyeron asambleas en varias ciudades, las cuales se denominaron "asambleas populares abiertas". El movimiento también sirvió para la aparición de nuevas formas en la difusión de la información. Al inicio, los medios tradicionales no daban cobertura a las acampadas, y esta censura de facto, fue la motivación para explorar nuevas formas de comunicación social mediante las redes sociales de internet; los streamers fueron parte fundamental de las acampadas y concentraciones (Serrano, Calleja-Lopez, Monterde, & Toret, 2014), estas personas suben en tiempo real los sucesos de las manifestaciones, esto lo realizan a través de técnicas de difusión multicanal, sincronizan sus cuenteas de Facebook, Twitter y YouTube, para que al escribir un mensaje o subir un video, este se distribuya automáticamente en sus seguidores de diferentes cuentas.

El movimiento 15M logró pasar de las redes a las plazas públicas, y se consolidó como un movimiento sin filiación sindical ni banderas de ningún partido, era la voz del pueblo, directa y sin filtros, la que se expresaba abiertamente en las redes sociales y en las calles y plazas de las ciudades españolas.

El investigador español Javier Toret ha descrito con mucho detalle lo que pasó los primeros días del nacimiento del 15M en su artículo "Una mirada tecnopolítica sobre los primeros días del #15M"[8], el cual da cuenta precisa del crecimiento exponencial del movimiento, los primeros acampados crearon cuentas en twitter que se hicieron oficiales, y estas crecieron exponencialmente en los primeros días, la cuenta @democraciareal logró conjuntar más de 118.000 seguidores, y en Facebook "Democracia Real Ya" más de 427,000 likes, también se utilizó el blog tomalaplaza.net y de la red social N1, y una larga lista de correos y páginas web. El movimiento 15M creció en las redes y en las calles, y traspasó el atlántico para ser la inspiración del movimiento norteamericano "Occupy Wall Street". Diferentes grupos de analistas de redes se integraron, entre ellos destaca el grupo "Datanalisys15M", que en un estudio[9] realizado identificó tres etapas en el desarrollo del movimiento 15M: Gestación, Explosión y Globalización. La gestación se desarrolla mediante el uso masivo de cuentas de Facebook, Twitter, YouTube, blogs. En esta etapa se identifican los colectivos que pueden adoptar una frase o leyenda que los identifique y los agrupe; la etapa de Explosión es cuando se traspasa de las redes al espacio físico: manifestaciones en las calles, plazas públicas o las "acampadas", en esta etapa aparece la difusión de contenidos y la creación de cuentas colectivas, la tercera etapa de globalización se da cuando se internacionaliza el movimiento y se establecen

---

[8] Una mirada tecnopolítica sobre los primeros días del #15M
[9] Visto en: http://datanalysis15m.files.wordpress.com/2013/06/tecnopolitica-slides.pdf

conexiones con otros movimientos. El movimiento español al igual que los demás movimientos surgidos en esta nueva ola de indignación mundial, han sido originados en gran mayoría por jóvenes estudiantes que no están inmersos en la vida política de algún partido, además se caracterizan por utilizar las nuevas herramientas de comunicación que rompen con el molde del ya obsoleto sistema tradicional de noticias; ahora cualquiera puede transmitir en vivo "sus" noticias, esto ha sido fundamental en el moviemnto15M.

El movimiento de los indignados, también fue el impulsor de grupos de estudio y análisis, jóvenes, profesionistas y decenas de personas, han logrado realizar importantes análisis de datos, grafos de contenido, recabando grandes cantidades de datos e información, uno de los grupos es "DataAnalysis", encabezado por investigadores como Javier Toret, quien fue de los primeros en realizar mediciones inmediatamente del nacimiento y formación del movimiento.

II.5 *La redvolución de los pingüinos*

En mayo del 2011, la confederación de estudiantes chilenos(CONFECH) convocó a marchas para protestar por las medidas anunciadas por el entonces Sebastián Piñera, con respecto a la educación, el sistema chileno se ha venido privatizando desde la dictadura de Augusto Pinochet; las marchas fueron multitudinarias, miles de jóvenes estudiantes universitarios salieron a las calles, durante el mes de junio se realizaron huelgas y tomas de universidades y colegios, el 16 de junio del 2011, se llevó a cabo una gran marcha, que convocó a más de 100,000 personas tan solo en la capital chilena, la demanda principal de los estudiantes chilenos era la fiscalización del "lucro" de la educación, y es que tras décadas del sistema neoliberal; estudiar en Chile se volvió prohibitivo para grandes sectores de la población.

El movimiento estudiantil a diferencia de otros movimientos tenía a dos líderes visibles: Camila Vallejo y Giorgio Jackson, los cuales utilizaron sus cuentas de Twitter y de Facebook para realizar las convocatorias a los actos y marchas, en agosto del 2011, la cuenta en Twitter de Camila Vallejo @camila_vallejo reportaba más de 167,000 seguidores. Mediante las redes sociales la líder estudiante convocó al "Domingo Familiar" el 21 de agosto, Twitter, Facebook y YouTube fueron los canales de promoción de la marcha. En Facebook la invitación se realizó a través de grupos cerrados, como el de "Domingo Familiar por la Educación", en el cual más de 33,000 personas confirmaron su asistencia, otros 6,000[10] dejaron abierta la posibilidad de asistir, al final el evento logró reunir a más 1 millón de personas.

Tweet de indignación

Seamos miles este domingo los
Chilenos en el parque Ohiggins
para exigir que nos escuchen, a las
12 hrs, Domingo Familiar
twitpic.com/68jbgy

agosto 2011

---

[10] Consultado en http://www.dosensocial.com/2011/08/24/las-redes-sociales-y-las-protestas-de-estudiantes-en-chile/

La marcha del 21 de agosto también fue conocida como la "marcha de los remolinos", el evento fue amenizado por grupos musicales, entre ellos el icónico, Inti-Illimani, quienes finalizaron el evento con la canción de "El pueblo unido jamás será vencido", días después de la marcha los tres estudiantes levantaron una huelga de hambre de 37 días. Para finales del mes de agosto se sumaría al paro, la central de trabajadores de Chile, el 25 de agosto fue muerto por una bala el estudiante Manuel Eliseo Gutiérrez Reinoso de tan solo 16 años, días después se comprobó que la bala fue dispara por un policía del cuerpo de carabineros de Chile; el 3 de septiembre las confederaciones de estudiantes se sentaron a dialogar con el presidente chileno. El uso de los medios sociales jugó un papel fundamental en la organización de las numerosas marchas y acciones, incluso un grupo de estudiantes crearon el sitio web "YoDebo.cl", donde miles de estudiantes subían el monto de sus deudas educativas, en dos meses el monto acumulado de la deuda de los estudiantes rondaba los 140 millones de dólares.

El movimiento estudiantil en Chile duró meses, y fue marcado por decenas de marchas, desalojos violentos, elecciones, y la renuncia del ministro Bulnes. El sistema educativo en Chile fue durante muchos años "ejemplo" para los demás países latinoamericanos, hoy los resultados de la privatización están a la vista, la inconformidad por el costo de la educación en Chile ha seguido durante estos años. Y de alguna manera esa inconformidad se vio reflejada en el regreso de Michelle Bachelet a la presidencia de Chile.

II.6 *La redvolución del 99%*

El resurgimiento de los movimientos globales de protestas juveniles se está dando de una manera más rápida y con gran difusión internacional, en lugares con culturas muy diferentes. El colapso financiero en Islandia del 2008-2009 despertó la indignación social que se transformó en una revolución pacífica, la revolución Tunecina se transformaría en la Primavera Árabe, y durante el 2011 el desempleo masivo en España fue el catalizador del movimiento de los Indignados, pero en los Estados Unidos el movimiento Ocuppy Wall Street desnudó el origen del mal: unos cuantos lo tienen todo y casi todos sostenemos su sistema de vida opulenta y déspota, el reclamo "somos el 99%" se convertiría en la consigna mundial de protesta. La primavera árabe y el movimiento de los indignados de España fue como una ola que empujó la creación de uno de los movimientos sociales más inesperados del mundo; pues nadie se esperaba que, en el corazón financiero mundial, en pleno Manhattan, icono del ultra-capitalismo mundial, miles de personas se autorganizaron por las redes sociales y se manifestaron en contra la monstruosa desigualdad económica que impera en el planeta. Dejando bien claro que no solo los pueblos de los países tercermundistas están agraviados, el pueblo norteamericano también está siendo sometido a un modelo explotador, que solo busca las ganancias ultrarrápidas, sin generar empleos, ni producir nada, la inmensa mayoría de las "operaciones" de bolsa que se llevan a cabo en el complejo financiero de Wall Street, están basadas en la especulación.

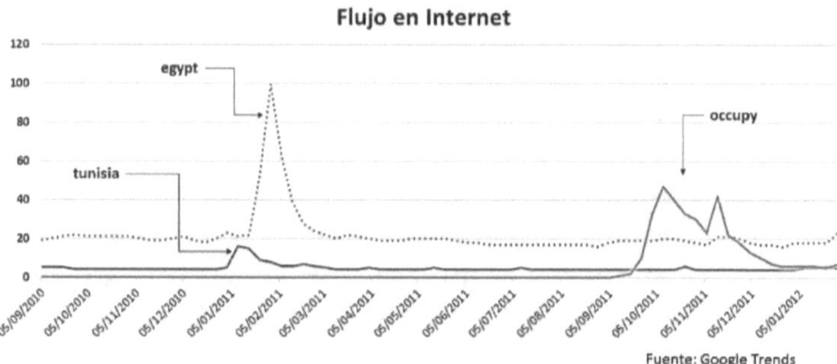

Esta indignación global por la desigualdad económica, se reflejó en la tendencia mundial del *hashtag* #occupywallstreet, que fue el identificador de la acampada de Wall Street, y de otros movimientos de acampada en los EUA.

Tendencia mundial del #occupywallstreet

El movimiento Occupy se empezó a formular a principios de julio del 2011; el colectivo canadiense "Adbusters Media Foundation" convocó mediante las redes y con el *hashtag* #occupywallstreet, a una ocupación pacífica en Wall Street NY para protestar contra la avaricia empresarial y la desigualdad social.

La primer acción de ocupación se inició el día 17 de septiembre del 2011, la policía recurrió a leyes que prohibían la vagancia para desalojar la manifestación, esto llevó a los manifestantes a reunirse de nueva cuenta en el parque Zuccotti ubicado en el Distrito Financiero de Nueva York, la afluencia era de cientos de personas, incluso se agregó un contingente de pilotos que se plantaron frente al Wall Street para inconformarse por el fracaso de las negociaciones del contrato colectivo, la acción de ocupar o acampar en plazas públicas se llevó a cabo en varias ciudades de los EUA y del mundo, el 24 de septiembre unas 80 personas fueron arrestadas por traer máscaras, el 1 de octubre se organizó una marcha con más de 1,500 personas que marcharían y recorrerían la gran manzana, en otra acción centenares de personas se plantaron en el puente de Brooklyn deteniendo el tráfico, la policía actuó arrestando a más de 700 personas. Personalidades identificadas con los movimientos progresistas, entre ellos el lingüista y filósofo Noam Chomsky y el cincasta Michel Moore, se han manifestado a favor del movimiento, este último visitó el campamento del Parque Zuccotti y ahí mismo dio un discurso. El movimiento "occupy" se inspiró y se organizó mediante el uso de redes sociales y herramientas de comunicación en red, y al igual que el 15M el movimiento de los "ocupas", se dispersó en varias ciudades norteamericanas, miles de tweets se emitieron y se retuitearon creando una difusión internacional de la ocupación, la represión policiaca demostró que en los EUA no hay tolerancia para las expresiones de descontento popular y mucho menos para la protestas, y eso que el gobierno norteamericano ha emprendido sendas guerras en nombre de la libertad y la democracia.

El juez Michael Stallman de la corte suprema estatal de Nueva York determinó, que no podían instalarse tiendas de campaña en el parque Zuccotti, la cual había sido renombrada como "plaza de la Libertad". La orden del juez bastó para que el alcalde de Nueva York, Michael Bloomberg ordenara el desalojo del parque. El reconocido columnista John C Dvorak[11] de la revista PC-Magazine escribió un artículo sobre como los grandes medios estadounidenses como CNN, no tuvieron mayores problemas para estar en Moscú durante la caída del comunismo, pero no tenía a ningún periodista en el parque Zuccotti al momento del desalojo: también describe cómo las únicas noticias sobre el desalojo provenían de los teléfonos celulares mediante las redes de Facebook y Twitter, y los grandes medios de comunicación que estuvieron en Egipto, Rusia y demás países donde han sucedido conflictos, guerras no fueron capaces de estar presentes en una plaza del bajo Manhattan.

La auto-comunicación masiva es una realidad y ha sido la alternativa debido a que los grandes medios de comunicación no dan información sobre la inconformidad social y mucho menos cuando estas son reprimidas por los cuerpos policiacos; jóvenes norteamericanos en Salt Lake City (Utah), Portland (Oregón), Denver (Colorado) y San Luis (Missouri) fueron desalojados en cumplimiento de ordenamientos municipales y estatales sobre indigencia y la prohibición de dormir en parques públicos; esto generó una discusión en la opinión pública por-

---

[11] Visto en: http://www.pcmag.com/article2/0,2817,2396450,00.asp

que este movimiento era para protestar pacíficamente, esto va en contra del derecho del pueblo estadounidense a manifestarse pacíficamente, la libertad de la manifestación es imprescindible para una sociedad donde sus gobernantes y líderes políticos bajo esa premisa han iniciado acciones militares y guerras para liberar de la "opresión y la tiranía" a los pueblos oprimidos (Vietnam, Irak, Afganistán).

II.7 *La redvolución del #YOSOY132*

Esta nueva ola de movimientos sociales que son organizados y difundidos por internet se ha hecho presente en México, son movimientos sociales que no tienen un líder prominente con quien negociar, por eso los gobiernos consideran a estos movimientos sociales de protesta, generados desde las redes sociales de internet, altamente peligrosos por su diseminación viral en redes y en las calles

A mediados del año 2012 en plena campaña presidencial y con todas las encuestas a favor del candidato del PRI surgió en México algo inesperado: un grupo de estudiantes de una de las más prestigiosas universidades privadas del país encararon al entonces candidato Enrique Peña Nieto en una conferencia que se realizaba en el auditorio principal de aquella institución educativa, la campaña "perfecta" del PRI se quebró en la Universidad Iberoamericana el día 11 de mayo del 2012 en el auditorio "José Sánchez Villaseñor", donde se presentaba el entonces candidato por el PRI-PVEM el Lic. Enrique Peña Nieto, exponiendo su plataforma política en el foro titulado "Buen ciudadano Ibero"; durante la exposición del candidato hubo interpelaciones por parte de algunos alumnos sobre las cifras de feminicidios ocurridos en el Estado de México y sobre su actuación en el caso Atenco, el candidato presidencial fue gobernador de aquel estado, el candidato respondió que él asumía por completo la responsabilidad por el operativo efectuado en aquella ocasión en el poblado de Atenco. Al final del foro cientos de jóvenes se apostarían a la salida del auditorio gritándole consignas en contra y mostrando algunas pancartas. Debido a que la situación se tornó adversa para el candidato, el equipo de seguridad decidió suspender una entrevista que se tenía programada después del foro con la radio de la universidad, saliendo por otra ruta y escoltado por decenas de guardaespaldas, después de los hechos, el entonces presidente nacional del PRI Joaquín Coldwell, en entrevista con la empresa de noticias Milenio TV, declaró que los jóvenes que protestaron contra Peña Nieto en la universidad Iberoamericana conocida como "la Ibero", eran un grupo de jóvenes que no representaban a la comunidad estudiantil de dicha universidad, sumada estas declaraciones con otros políticos afines al PRI, dieron el pase de salida a un movimiento estudiantil que gracias a las redes sociales se expandió instantáneamente, los estudiantes de la Ibero se dieron a conocer mediante un video subido a YouTube, mostraron sus rostros y credenciales, para desmentir a aquellos que habían declarado que no eran ni siquiera estudiantes de la Ibero.

Los alumnos que habían mostrado su rostro e identificaciones sumaban 131, por eso el numero 132 representaba a todos aquellos que se sumarían y crearían un movimiento estudiantil nacional para protestar contra el candidato del PRI a la presidencia de la República, un movimiento que exigiría como uno de sus puntos principales la democratización de los medios masivos de comunicación, el #Yosoy132 fue un movimiento que logró sacudir el escenario electoral de la elección presidencial en el 2012; el 19 de mayo los jóvenes agrupados en el movimiento lograron realizar una marcha nacional, el movimiento logró unificar a estudiantes de universidades públicas y privadas, aparte de sumar importantes sectores de la clase media, este movimiento estudiantil tomó por sorpresa a todos los actores políticos, incluso a los movimientos llamados progresistas, en las elecciones presidenciales del 2012 las redes sociales fueron el epicentro de uno de los movimientos estudiantiles más inesperados en México.

Nadie se esperaba el surgimiento de un movimiento de esta naturaleza, el rechazo al candidato del PRI a la presidencia de la República fue el catalizador del movimiento que tuvo como principal medio de difusión las redes sociales, se instalaron comités en decenas de universidades y ciudades, incluso se promovió un debate entre los candidatos presidenciales, al cual no asistió el candidato del PRI, el debate realizado el 19 de junio del 2012 en las instalaciones de la comisión de derechos humanos del Distrito Federal fue trasmitido por un canal de YouTube, siendo la primera vez que en México se realizara un debate entre candidatos a la presidencia de la República promovido por estudiantes y trasmitido enteramente por las redes sociales de internet.

Aunque el debate organizado por el movimiento "#yosoy132" tuvo constantes fallas técnicas en la transmisión, no dejó de ser un hecho histórico porque fue el primer debate electoral en ser organizado por jóvenes estudiantes de diversas universidades de México, tanto públicas como privadas. Las redes sociales han transformado la organización de los movimientos sociales, el panfleto, la gaceta o el rotativo han quedado casi desplazados por las redes sociales, el mensaje a través de estas es más rápido y casi no cuesta, pues la mayoría de los programas de redes sociales pueden ser descargados de manera gratuita, en los años 60's y 70's muchos activistas fueron detenidos por la policía por distribuir periódicos o panfletos que eran prohibidos en aquel entonces hoy la difusión de información es de tipo viral, por eso las medidas restrictivas son para tratar de controlar el flujo de la información, en especial la que no sea adecuada a los intereses de la clase política gobernante, y más si se trata de la crítica.

Las redes sociales se han convertido en termómetro del sentir social, pero pocos movimientos han podido prosperar y sostenerse para poder establecerse como un movimiento organizado de largo tiempo, pasar del Facebook a la calle es un paso que aún no ha logrado establecerse de manera masiva en nuestro país, sin embargo, siguen siendo muchas personas, grupos, colectivos y hasta organizaciones establecidas que se han sumado al uso de las redes sociales para hacer del internet su base de organización, difusión de las ideas, pensamientos, puntos de vista, análisis y denuncias.

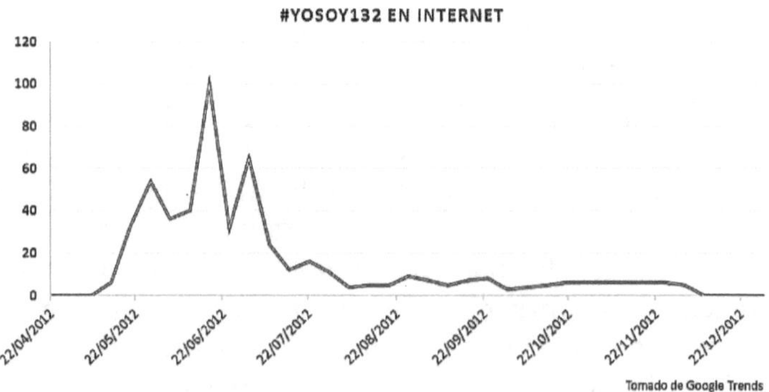

II.8 *La redvolución del vinagre*

El movimiento "pase libre" de Brasil utilizó el Facebook para convocar las marchas de protesta en un país, donde el futbol y el carnaval, se pueden considerar como cultura nacional, y a un año de que iniciara el mundial de futbol 2014. Se le conoce a este movimiento como la "revuelta del vinagre" porque las autoridades prohibieron llevar vinagre a las manifestaciones, el vinagre es utilizado para combatir los efectos de los gases lacrimógenos.

En los primeros días de junio del 2013 surgió un movimiento que inició en las ciudades de Sao Paulo y Rio de Janeiro, el motivo inicial fue el alza al transporte colectivo para ambas ciudades, el cual pasó de 3 reales a 3.20 reales, en las protestas hubo actos de vandalismo, detenidos y heridos, toma de casteas de cobro, cierre de escuelas y universidades, la policía militar enfrentó directamente a los manifestantes que a diario se movilizaban, pero lejos de debilitar la fuerza del movimiento, este se revitalizaba y convocaba mediante mensajes en Facebook, a través de las redes sociales lograron concentrar más 350,000 personas que ampliaron sus demandas originales, pedían más presupuesto para la educación y programas sociales, la Copa Confederaciones se llevó a cabo rodeada de manifestantes, para la Copa del Mundo los brasileños iban a pagar de sus bolsillos más de $17,000 millones de dólares. El pueblo de Brasil siempre se ha caracterizado por su candor para el baile, el carnaval y el futbol, y también se distinguió de los otros movimientos sociales en las redes, mientras que estos eran fácilmente identificados en la red mediante el uso d00e *hashtags* como #occupywallstreet, #democraciarealya, #yosoy132, etcétera.

En Brasil la dispersión de *hashtag* sobre el mismo movimiento dejó su huella en la red con los *hashtags:* #BrazilianRevolution #VemPraRua #MudaBrasil #OGiganteAcordou #ForaFeliciano #RevoltadoVinagre #ProtestosBR. Esta característica del movimiento social en Brasil se debe en gran medida, a que miles de usuarios utilizaron de manera personalizada cuentas de twitter para convocar las manifestaciones.

En la convocatoria para el mitin de Rio de Janeiro habían confirmado su asistencia más de 280,000 personas[12], y en Sao Paulo habían confirmado 290,000 usuarios de Facebook; también la red de Instagram y de la red social Flickr que fueron diseñadas especialmente como redes sociales para foto,s han sido muy útiles en este movimiento, un medio alternativo denominado "Midi Ninja" ha cubierto en tiempo real las concentraciones. También la aplicación de WhatsApp ha sido utilizada creando grupos de chats, la red de telefonía celular en Brasil es en gran medida de tecnología 3G, y el Wi-Fi no está tan extendido, pero mediante twitter se difundieron las contraseñas de las redes Wi-Fi de los edificios públicos, además de videos que se virilizaron rápidamente, toda esta gran mezcla de redes y aplicaciones dio como resultado que grandes concentraciones se llevaran a cabo en varias ciudades de Brasil.

Entre el 13 y el 14 de junio se llevaron a cabo manifestaciones multitudinarias que eran el resultado de la cuarta convocatoria del movimiento "Pase Libre", las concentraciones se realizaron en varias ciudades de Brasil, cientos de miles de brasileños se manifestaron pacífi-

---

[12] Según artículo de Bernardo Gutiérrez visto en: http://codigo-abierto.cc/2013/07/03/la-guerra-de-memes-toma-las-redes-de-brasil/

camente, pero un grupo de activistas empezón a quemar llantas y causar destrozos, la policía arremetió reprimiendo la marcha que se realizaba en la ciudad de Sao Paulo[13] y detuvo a más de 200 personas, la marcha fue dispersada utilizando gases lacrimógenos y una excesiva fuerza policiaca, esto provocó más de 100 heridos. Las redes son un termómetro social, en el cual se refleja el sentir de una sociedad en tiempo real. Al final las autoridades cancelaron el aumento, tanto el gobernador de Rio de Janeiro como el Sao Paulo.

El movimiento Pase Libre también demostró la horizontalidad de la organización y aunque algunos representantes se reunieron con la Presidenta de Brasil, estos poco podían hacer cuando miles y miles de personas se reunieron por todo el país, exigiendo que el gasto del presupuesto público, se efectuara en beneficio de los ciudadanos y en contra del gasto millonario para las copas confederaciones y del mundial de futbol, las concentraciones multitudinarias dejaron en claro que los partidos políticos, tanto de derecha como de izquierda, habían sido rebasados por una población que se auto-organizaba y exigía cambios inmediatos, lejos de las banderas partidistas, a pesar que las políticas implementadas por los gobiernos progresistas de Brasil desde la época de Lula Da Silva han atenuado y los graves problemas sociales, y disminuido los índices de pobreza y marginación.

---

[13] Consulte: http://www.redsop.org/index.php/component/k2/item/348-brasil-mas-de-200-detenidos-y-decenas-de-heridos-en-una-protesta-contra-el-aumento-del-transporte-en-san-pablo

II.9 La redvolución magisterial

En México la aprobación de las reformas constitucionales en el 2013, que sellan indiscutiblemente la etapa final
del modelo económico neoliberal, que ha sido impuesto
en México en detrimento económico y social de la mayoría de los mexicanos, la aprobación en el Congreso de
la Unión y en los Congresos Estatales de las reformas, al
parecer, siguió una estrategia política que se inició con
la firma del Pacto por México entre los tres principales
partidos representados en la Congreso, las reformas iniciaron con la reforma educativa, que hoy que ha sido
aprobada, que lejos de ser una reforma educativa es una
reforma laboral, que servirá para tener un mayor control
sobre el magisterio.

La aprobación inminente de las leyes secundarias
de la reforma educativa detonó protestas, movilizaciones, y al final un plantón permanente en el Zócalo de la
Ciudad de México, los que planearon la estrategia sabían
que miles de profesores saldrían a protestar por la nueva
ley, miles de maestros de la Coordinadora Nacional de
los trabajadores de la Educación (CNTE), la cual es una
agrupación magisterial que se opone al liderazgo corrupto del sindicato nacional de los trabajadores de la educación (SNTE), además de cientos de sindicatos independientes magisteriales. Desde un principio la dirigencia y la
base magisterial de la CNTE se opuso a las nuevas reglas,
la presentación de las leyes secundarias fue el 19 de agosto del 2013, desde ese día el Zócalo fue ocupado por los
profesores que demandaban un análisis más profundo de
las leyes secundarias de dicha reforma.

Durante casi un mes los profesores de la CNTE
además de aguantar el plantón en el zócalo, también re-

sistieron una de las guerras mediáticas más agresivas de los últimos tiempos de la televisión abierta mexicana, los noticieros de Televisa, TV Azteca y Milenio TV parecían estar perfectamente coordinados o sincronizados, y entre todos sus conductores estelares, difundían que los profesores eran holgazanes que querían vivir a expensas del gobierno, incluso hasta los acusaron de inculcar a los niños cantos guerrilleros; aun y con los medios masivos de comunicación en contra de su movimiento, los maestros de la CNTE lograron tener un apoyo popular, en los medios alternativos de comunicación se dieron a conocer que mucha gente les iba entregar víveres y manifestarles su apoyo, y es que las protestas de los profesores no solo se sucedieron en el Zócalo capitalino. En varios estados del país los maestros se declararon en insurgencia magisterial: hubo cierre de puentes, tomas de casetas, marchas, plantones; pero los analistas políticos afines al grupo del poder político solo se centraron en los maestros disidentes de la CNTE que estaban en plantón en el Zócalo. En la víspera del 15 de septiembre del 2013 fueron desalojados con el uso de la fuerza policiaca; el duopolio televisivo (Televisa y TV Azteca), las cadenas de radio, el canal de noticias de Milenio TV, y en la mayoría de los periódicos tanto de la ciudad de México como el de los estados, se informó que el desalojo era parte de un "operativo de limpieza", para llevar a cabo el tradicional Grito de Independencia. De nueva cuenta aparecía el control forzado a través de los medios masivos, los cuales exponen, enjuician, y los medios en paralelo con los cuerpos policiacos, ejecutan.

El control social conlleva a criminalizar la protesta, en este caso hay que mencionar que el plantón de los maestros de la CNTE fue pacífico, y no está por demás dejar en claro, que los maestros que estaban en el zócalo en plantón, estaban ejerciendo el derecho a la manifestación pública, un derecho consagrado en la Constitución de los Estados Unidos Mexicanos. En las pantallas de la televisión mexicana, la notica que se transmitió fue que "el operativo limpieza" del zócalo, se llevó acabo en completo orden.

Pero la historia fue distinta en las redes sociales, en twitter el *hashtag* #centesequeda fue *trend topic*, miles de usuarios de twitter estuvieron comentado negativamente el desalojo y pidiendo que se respetara el plantón magisterial.

Reacción en Twitter por el desalojo del plantón de maestros de la
CNTE en el Zócalo de la Ciudad de México

Grafica tomada de Trendmaps el 13 de septiembre del 2013

II.10 *La redvolución del #ocuppygezi*

A finales de mayo del 2013 en la Ciudad de Estambul, un grupo de ecologistas se manifestó en contra de la demolición del Parque Taksim Gezi, la demolición del parque respondía a que se pretendía construir un centro comercial; alrededor de 50 personas acamparon el 28 de mayo, pero fueron desalojados violentamente por la policía con gases lacrimógenos y quemando las tiendas de campaña, esto desató una reacción exponencial en las redes sociales, los manifestantes volvieron a montar el campamento al día siguiente, consiguiendo que más gente se uniera al campamento; pero el 31 de mayo la policía volvió a reprimir la manifestación utilizando además de los gases lacrimógenos, tanques equipados para lanzar chorros de agua a presión, la violencia policial provocó más de 100 heridos, pero la protesta ya se había extendido a las ciudades de Ankara y Esmirna, donde también fueron reprimidas las marchas; durante los primeros días del mes de junio se vivieron intensas protestas en varias ciudades, una a una fueron reprimidas, a estas movilizaciones se sumó el sindicato de trabajadores públicos de Turquía el cual convocó a una huelga de dos días.

En las redes, el *hashtag* #direngezirparki, se envió dos millones de veces en un solo día. En solo diez días se movilizaron más de cuatro millones de personas para protestar, la represión policiaca durante las acampadas, marchas y mítines, dejó un saldo de más de 1700 detenidos, casi una decena de muertos, y miles de heridos.

En total se contabilizaron más de 603 actos de protesta[14] en 77 provincias; los cuales fueron organizadas principalmente desde la red de Twitter. Durante los primeros días de la revuelta, el grupo de hackers Anonymus logró tumbar varias páginas del gobierno turco, por lo que el este no dudó en criminalizar el uso de las redes sociales como Twitter y Facebook, y ordenó el bloqueo. La red de Twitter fue temporalmente bloqueada, por instancias del primer ministro turco Recep Tayyip Erdogan, y es que mediante Twitter se difundieron las conversaciones entre él y su círculo cercano, donde según la oposición política al gobierno, se demostraba la corrupción gubernamental; en un mitin electoral en la ciudad de Bursa, el primer ministro prometió erradicar Twitter y "arrancar de raíz" dicha red social, sin importarle lo que pensara la comunidad internacional[15].

---

[14] Según cronología realizada por Emra Cengiz vista en: http://wiki.15m.cc/w/images/6/64/Gezi_infographic-english.jpg

[15] Consultado en: http://noticias.univision.com/article/1892185/2014-03-21/tecnologia/noticias/turquia-bloquea-twitter-tras-difundirse-grabaciones-del-primer-ministro

Pero lejos de contener la protesta social, e intentar diezmar la organización social mediante las redes, la medida causó que el tema del bloqueo de Twitter en Turquía se volviera trending topic mundial, además se incrementó el flujo de tuits en más de un 138%[16].

La decisión del departamento de telecomunicaciones de Turquía de bloquear el acceso a Twitter ha sentado un precedente para el control y censura de la red, los gobiernos se encuentran preocupados por el poder de las redes sociales de internet, están recurriendo a prácticas de control y censura, incluso están reformando las leyes para que sea legal el bloqueo de señales, como la última reforma en telecomunicaciones aprobada en México en 2014. El bloqueo del flujo de información siempre ha sido una de las premisas de los gobiernos totalitarios, donde cuestionar las políticas implementadas está prohibido so pena de castigos severos que pueden llegar a la muerte.

II.11 *La redvolución racial*

Tras el movimiento occupy, las protestas sociales en los EUA habían venido decreciendo; pero dos casos de abuso policiaco terminaron con la vida de dos personas afroamericanas, esto desató de nueva cuenta la indignación estadounidense. En el primer caso se dio cuando a principios del mes de agosto del 2014, un policía disparó seis balazos sobre un joven afroamericano de 18 años de nombre Michael Brown en la localidad de Ferguson Missouri;

---

[16] Consultado en: http://www.businessinsider.com/turkey-bans-twitter-but-more-people-start-tweeting-2014-3

la cual es una ciudad con población mayoritariamente afroamericana, pero su gobierno municipal está compuesto en su gran mayoría por personas de "raza blanca", una situación que hace recordar los tiempos recientes del Apartheid en Sudáfrica y la misma segregación racial que padecieron las comunidades afroamericanos hasta mediados del siglo pasado en los EUA; el segundo caso fue por la absolución el 3 de diciembre del 2014 por parte del Gran Jurado de Staten Island, a un policía que a finales de julio del mismo año aplicó una llave que está prohibida por el departamento de policía para someter a Eric Garner, el cual supuestamente se encontraba vendiendo cigarrillos sin permiso, la llave aplicada a Eric, le provocó la muerte quien mientras era sometido gritaba que no podía respirar, toda la acción quedó grabada en un video, donde se puede ver el uso excesivo de la fuerza policiaca contra un simple ciudadano que no tenía permiso para vender cigarros.

Las protestas por la absolución del policía no se hicieron esperar, y en varias ciudades de los EUA se llevaron a cabo manifestaciones de protestas, en la universidad de Chicago decenas de personas se asentaron en la entrada de la universidad para mostrar pancartas con mensajes de desaprobación pro la decisión del jurado. En California también se llevaron acciones de protesta, al igual que en Oakland y Georgia. Estos ataques mortales a personas afroamericanas despertaron de nueva cuenta y con más empuje las protestas sociales; y una vez más mediante las redes sociales se convocó a la "Millions March NYC", la cual se llevó a cabo el día 13 de diciembre del 2014 en la ciudad de Nueva York, con una asistencia de decenas de miles de neoyorquinos. La marcha fue promovida también con los *hashtags* #millionsmarchnyc y #blacklivesmatter en la red de Twitter, el segundo *hashtag* se ha convertido en la consigna ante lo que parece una nueva ola de racismo, en un país donde la elite estadounidense todavía se aferra a la ideología de la supremacía blanca, la cual está en ascenso en las clases medias altas de raza anglosajonas, y esto se ve reflejado en los nuevos grupos pro-nazis que se diseminan por el territorio de los EUA, y según USA TODAY, estos grupos se han incrementado en un 69% desde el años 2000 a la fecha.

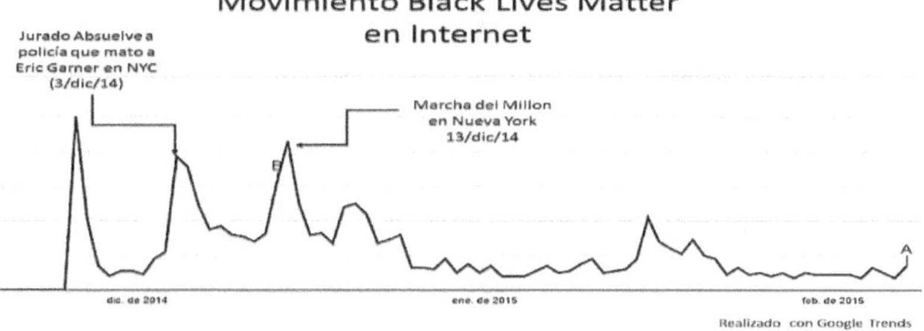

En la página de Facebook de Million March de la marcha se registraron más 400,000 invitados y más 50,000 usuarios confirmaron que asistirían, y casi 6,000 personas dijeron que probablemente asistirían. El día de la marcha miles de estadounidenses coreaban por las calles de la urbe de hierro y en varias ciudades de los EUA: "don´t shoot" (no disparen), "No Justice, no peace" (Sin justicia, no hay paz). Durante el mes de enero del 2015 las protestas continuaron en diferentes ciudades de los EUA, el 10 de febrero un inmigrante originario de Michoacán, México de nombre Antonio Zambrano, fue acribillado por la policía de Pasco, Washington, la policía declaró que Antonio atacó primero con "piedras", latinos residentes de aquel condado salieron a protestar.

Las protestas de otros grupos étnicos en los EUA se han sumado a las llevadas a cabo por el movimiento "Black lives matter". Esto ha despertado preocupación de las autoridades, quienes al verse rebasadas por los miles de manifestantes, han optado por establecer medidas coercitivas, y hasta desalentar las protestas. En Nueva York el jefe de la policía solicitó a los legisladores que la "resistencia a la autoridad" pasara de ser un delito menor a un delito grave. En un análisis del *hashtag* #blacklivesmatter, realizado en los primeros días de febrero del 2015, se pueden observar varios nodos centrales, entre ellos cuentas de usuarios identificadas con los movimientos alternativos @occupywallstreet, @ashagony, quien se define como un intelectual, escritor y filósofo del Broklyn, NYC, y ha sido un actor importante en la difusión del movimiento. Diversos grupos activistas de la sociedad norteamericana, han salido a protestar por estos dos hechos condenables e inaceptables; casos que han evidenciado que al igual que en otros países, las fuerzas policiacas lejos de ayudar y servir, muchas veces atacan sin motivo a los ciudadanos.

A principios de marzo del 2015, se volvieron a vivir episodios de tensión racial, en Madison Wisconsin, un joven afroamericano de nombre Anthony Robinson de 19 años, fue disparado a muerte por un agente de la policía de esa localidad. Además un tiroteo contra policías de Fegurson, ha puesto en un nivel de máxima tensión social la situación racial en los EUA; en la cual, inclusive el presidente Obama, reconoció que la situación policial que se vivía en Fegurson era de opresión y abuso. El tiroteo sucedió tras la dimisión del jefe policiaco Thomas Jackson.

En España el movimiento social de los indignados, fue la base del actual partido-movimiento Podemos, de lograrse la conversión o conjunción movimiento-partido del "black lives matters", se estaría ante un hecho inédito en la política de los EUA, y no es que haya habido antes partidos de Izquierda o socialistas en Norteamérica, pero hoy, gracias a las redes sociales, las personas se organizan mejor. Sin duda estamos en una nueva época, los afroamericanos en los EUA han aprendido que no solo basta con tener un presidente de la misma raza, lo que cuenta es la organización social, que apoye las estrategias de resistencia social, y mediante el sistema electoral, logre llegar a instaurar un gobierno que sirva al interés colectivo, y no a unos cuantos, como sucede actualmente en los EUA.

En la siguiente gráfica se puede observar el #blaclivesmatter, la cuenta @talbertswan es el nodo central del debate, dicho nodo pertenece al líder religioso y activista Albert Swan; la red está formada por una muestra en el mes de marzo; el colectivo Black Lives Matter se ha pronunciado por formalizar el movimiento con tendencia de izquierda, para participar en las elecciones como un movimiento político. La red generada muestra decenas de comunidades interconectadas entre sí.

Red del #BlackLivesMatter

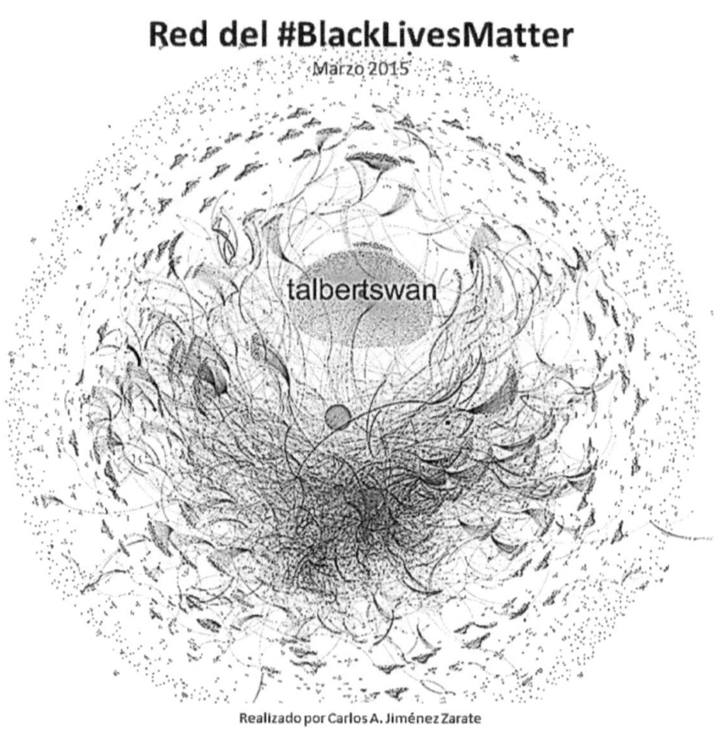

Realizado por Carlos A. Jiménez Zarate

II.12 *La redvolución del #oxi*

Tan acostumbrados a imponer sus medidas de austeridad, el poder neoliberal europeo conocido como la "Troika" constituido por el Fondo Monetario Internacional (FMI), el Banco Central Europeo (BCE), y la comisión europea (CE), no esperaban una respuesta tan contundente del pueblo griego.

Pensaron que como ya habían impuesto sus medidas privatizadoras, el recorte al gasto social y el aumento de impuestos, la renegociación con condiciones denigrantes para cualquier pueblo sería pan comido.

La deuda que no fue por culpa de la "ambición desmedida" del pueblo griego, como lo aseguran diversos analistas orgánicos, los cuales le echan la culpa a los "altísimos sueldos", las pensiones y el gran gasto social; en Grecia el salario del trabajador es de los más bajos de Europa, en gran medida dicha deuda se originó como una escalada de la gran crisis financiera del 2008, que como sabemos todos, se originó en los EUA, en el 2010 la Troika otorgó al gobierno griego más de 110 mil millones de euros bajo la firma de un memorándum de entendimiento, que es similar a las "cartas de intención" que firmó el ex presidente de México Miguel de la Madrid en 1982.

Las cartas o memorandus de intención, representan la rendición por escrito de un país, para entregar la soberanía económica y financiara, y por supuesto política, a los grandes agentes del capital internacional, enmascarados en instituciones financieras; Grecia era gobernada antes del actual ministro por una junta de banqueros, expertos según ellos en finanzas y economía, lo que se denomina comúnmente como un gobierno 100% tecnocrático neoliberal, los cuales lejos de resolver la grave crisis griega, la ahondaron aún más, dejando en la miseria a millones de personas, y a una gran parte de su población activa, desempleada.

Los griegos eligieron a SYRIZA (coalición de izquierda radical) porque no querían seguir con las políticas de austeridad implementadas por el gobierno tecnocrático auspiciado por la Troika, y este domingo 5 de julio refrendaron su decisión de no más troika… no más neoliberalismo.

Desde el 25 de junio las redes sociales habían empezado a registrar un ascenso en los tuits de rechazo a las nuevas medidas de austeridad que trataban de imponer los acreedores para la renegociación de la deuda.

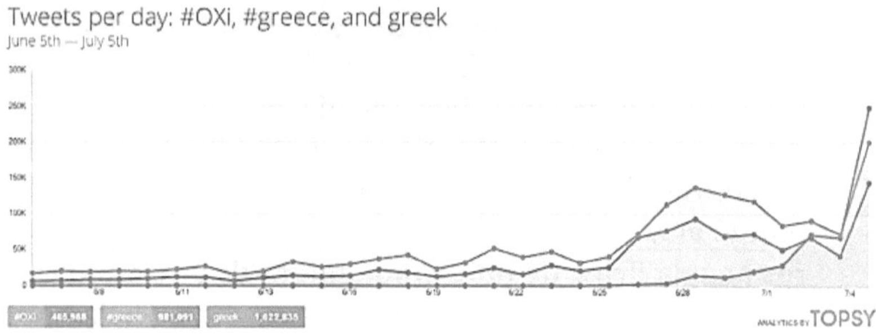

Tendencias en Grecia
5/julio/15

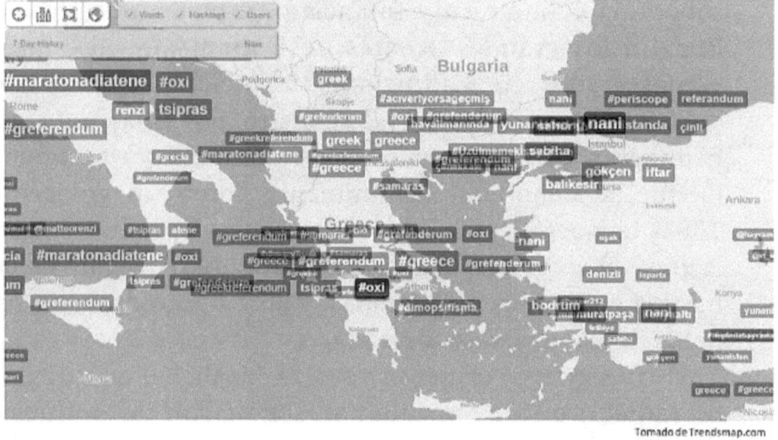

Tomado de Trendsmap.com

No solo se trató de una elección para la aceptación de una deuda impagable, el referéndum griego es en realidad una de las primeras batallas del siglo xxi entre los pueblos del mundo contra la oligarquía mundial.

La red formada por el #OXI muestra diversas comunidades que se entrelazaron entre sí, este tipo de redes se han observado en movimientos sociales auto-organizados, el ht tuvo más de 465,000 menciones, de las cuales, más de la mitad fueron realizados durante el referéndum.

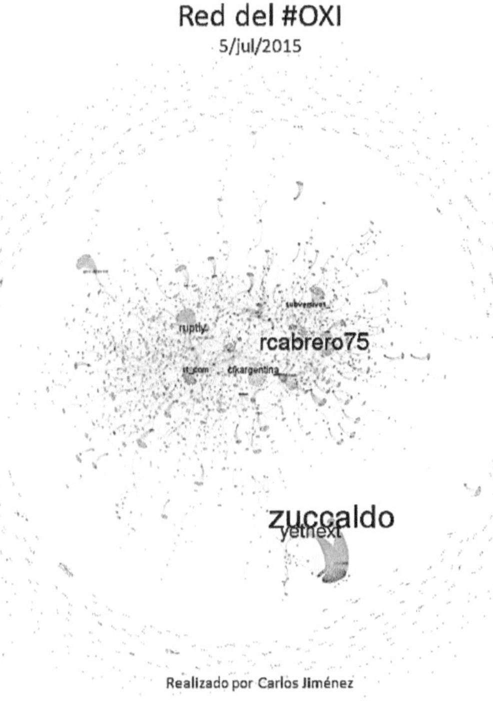

En la red formada por el #Greece claramente se observa como la cuenta @tsipras_eu alcanzó varios grados de interacción, creando diversas comunidades en torno a la discusión del ht. La red es una muestra del apoyo social del pueblo griego hacia su presidente, respaldo que se demostró con la victoria del No en el referéndum, uno de los tuits del presidente Alexis Tsipras fue: *@tsipras_eu #Greece Dijo No al FMI No más exigencias de austeridad al pueblo! #GreciaEsHumanidad;*, fue retuiteado miles de veces.

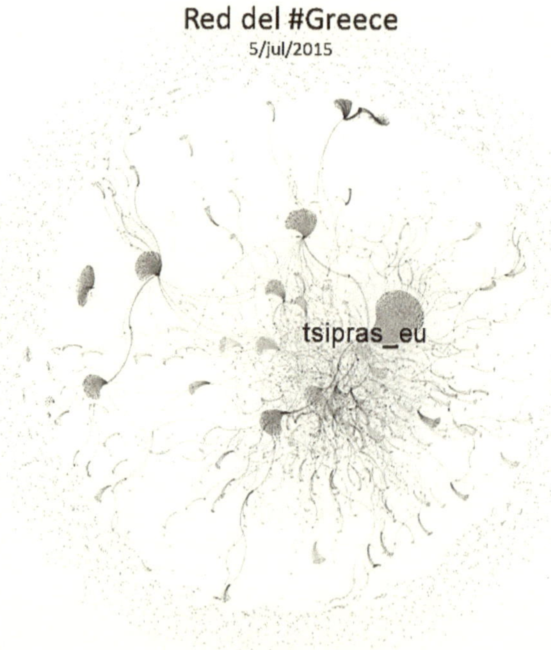

Realizado por Carlos Jiménez

II.13 *La redvolución maya*

A finales del mes de abril del año 2015 se sucedieron en Guatemala, cuna de una de las civilizaciones antiguas más desarrolladas del mundo, una seria de protestas, que bien pueden definirse como la primera revolución autoorganizada por las redes sociales en nuestro continente, que logró la renuncia de un presidente, que en la mayoría de los países latinoamericanos son intocables. Las primeras manifestaciones dieron como primer resultado la renuncia de la vicepresidenta de Guatemala Roxana Baldetti a mediados del mes de mayo; desde entonces y hasta los primeros días de septiembre, decenas de miles de guatemaltecos no cesaron de protestar; auto-organizados mediante las redes sociales, salieron a participar en marchas y mítines para protestar por la corrupción imperante; no se detendrían hasta ver la renuncia del presidente Otto Pérez Molina. Y así fue el día 3 de septiembre, tras incesantes protestas, el presidente presentó su renuncia, y hoy es acusado de corrupción en compañía de funcionarios públicos que tendrían nexos con una mafia conocida como "La línea", que según la investigación iniciada por las autoridades guatemaltecas, ostenta el control de las aduanas del país centroamericano.

Durante meses miles de ciudadanos guatemaltecos expresaron su rechazo hacia el gobierno por los altos índices de corrupción mediante el *hashtag* #renunciaya, la cuenta @justiciayagt fue también un conducto de la presión social, el día 27 de agosto el HT #renunciaya tuvo más de 10,000 menciones en Twitter.

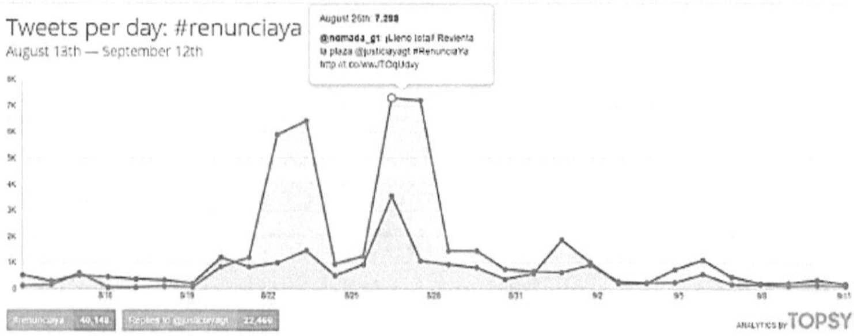

El efecto social de la renuncia del presidente se ha dejado sentir en México, después de todo, Guatemala y México comparten mucho más que el idioma español; ambos países fueron cuna de una de las culturas más avanzadas de la antigüedad. Y no es que no se hayan dado protestas en México contra el mandato del actual presidente; desde el primer día de su gobierno quedó en claro que grandes sectores de la población no estaban de acuerdo con su arribo al poder. El primero de diciembre del 2012 será recordado en México como el inicio de un movimiento que se formuló también desde las redes sociales de internet bajo el HT #1DMX; en México los sectores más politizados siempre han salido a protestar por las acciones del gobierno que van en contra del interés social.

A mediados del mes de abril del 2015 en México, se hizo una colecta de firmas para pedir al instituto nacional electoral (INE) que realizara un ejercicio de revocación de mandato del presidente Peña Nieto, la propuesta pedía que se incluyera en las casillas un formato con la solicitud de dimisión; el HT #quesevayapeña se convirtió en tendencia nacional en twitter, y aunque en las redes la petición se hizo viral, al final el INE la ignoró.

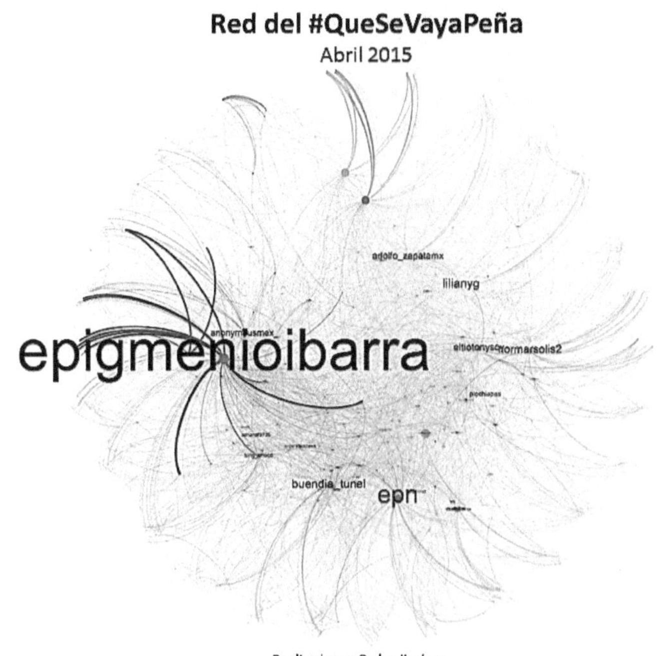

Realizado por Carlos Jiménez

Lo sucedido en Guatemala ha renovado la esperanza de que sí se puede exigir la renuncia del presidente, y además meterlo a la cárcel por corrupción. Ojalá y pronto podamos los mexicanos, en lugar de festejar y solo gritar vivas a la "independencia", hacerla realidad; que esta primavera en pleno verano llegue pronto a nuestro país, México también es la patria del Quetzal.

Guatemala puede la nueva primavera, formada en el corazón del continente americano, un movimiento social que se sustenta en la premisa de la rendición de cuentas, y cualquier gobierno que se diga democrático, no puede ignorar el sentir del pueblo, y en México sobran elementos que implican probables actos de corrupción en los más altos niveles del gobierno, el caso de la "casa blanca" es un claro ejemplo; en lugar de promover una investigación imparcial, el ejecutivo federal mandó a un subordinado a investigar.

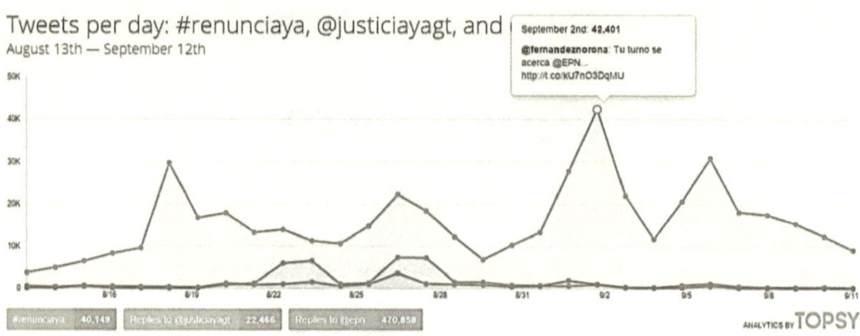

La actividad en las redes en México contra el gobierno es 10 veces más que las menciones del ht #renunciaya que impulsó la renuncia del presidente guatemalteco; mientras que en Guatemala el *hashtag* sobrepasó apenas las 40,000 menciones, en México del 13 de agosto al 13 de septiembre del 2015 casi se llegó a las 500,000 menciones.

Los datos nos muestran que no importa tanto el número de menciones de un *hashtag*, sino la voluntad de hacer las cosas. En México hay una infinidad de casos de corrupción e impunidad que harían de la mafia de las aduanas guatemaltecas una travesura de niños.

El caso de la "casa blanca", terminó al final, con la ausencia de la radio mexicana de la periodista Carmen

Aristegui y todo su equipo, quienes fueron los que dieron a conocer el caso ante la opinión pública.

Las redes sociales están transmitiendo y difundiendo el descontento social mexicano, y este descontento se ha visto reflejado en la cuenta de twitter @epn, la cual en 30 días ha sido mencionada más de 400,000 veces.

Miles de personas se manifiestan contra las medidas gubernamentales mediante las redes sociales, la siguiente gráfica representa la red de la cuenta @epn el día 11 de septiembre del 2015, en la cual encontramos las cuentas @presidenciamx, @eruvielavila y @mexico, que promueven positivamente la imagen del presidente, dichas cuentas tienen grupos de seguidores definidos, lo que hace que su interacción sea de menor grado. Por otro lado, los nodos y aristas en diversos colores son miles cuentas con un alto grado de interacción, las cuales en su mayoría se pronuncian en contra de Peña Nieto, la red emula los colores del gran Quetzal que tiene en la mira a @epn.

Las redes se han vuelto la principal herramienta de difusión de los movimientos sociales alternativos y autoorganizados; la indignación social puede ser la chispa que despierte el espíritu renovador de la oprimida sociedad latinoamericana.

Red del #RenunciaYa

3 al 11 de septiembre 2015

Realizado por Carlos Jiménez

Las técnicas de análisis de las redes de Internet, nos permiten distinguir entre una manipulación de tendencia y una interacción social genuina; en la gráfica anterior vemos la red que se entretejió en torno al *hashtag* #renunciaya; que se formó desde hace meses para exigir la renuncia del ahora encarcelado ex-presidente de Guatemala Otto Pérez Molina.

El *hashtag* se dispersó a varios países, en la parte inferior en rojo aparece la cuenta @nicolasmaduro del presidente de Venezuela, quien ha sido blanco de un estrategia de gran escala por parte de la prensa internacional; en la red se observa claramente cómo la cuenta fue artificialmente mencionada por la cuenta @lucioquincioc, el cual aparece como un grupo casi sin conexión y aislado de la red; mientras vemos cómo en la parte superior, se encuentra la cuenta @epn entrelazada por miles de cuentas que le exigen la renuncia.

Capítulo III
Rednacimiento

III.1 *Ayotzinapa, el despertar*

Una luz de esperanza se había encendido en México en el 2012; con el movimiento#YoSoy132; pero la energía de este se extinguía poco a poco, quedando en un estado de impasse el activismo social, que parecía no crecer ni tampoco interesar a la sociedad, había mediciones que indicaban que siete de cada diez mexicanos estaban a la espera del "momento" para activarse y salir a las calles (Galindo, González, 2013). Tantas cosas malas han pasado en nuestro país, pero nada parecía ser suficientemente como para iniciar el despertar de la sociedad mexicana de la larga y oscura noche.

Ante los hechos trágicos de Iguala en Guerrero, la manifestación social masiva ha vuelto a renacer, y ha sido totalmente inesperada para el gobierno y para los líderes políticos de todos los partidos, incluso para los partidos o movimientos progresistas; nadie se esperaba la movilización casi espontanea de miles y miles de jóvenes, y de una parte importante de la sociedad mexicana, la cual parecía sentenciada a vivir con miedo, y por lo mismo, indiferente ante el dolor, la muerte y la injusticia.

Desde que Felipe Calderón declaró la guerra contra el narcotráfico en el año 2006, y hasta la fecha han sido asesinadas más de 150,000 personas, y más de 22,000 se encuentran como desaparecidas.

Dolor y muerte han sido las constantes que han sufrido grandes sectores del pueblo mexicano desde hace años. Los carteles del narcotráfico se encuentran atomizados por toda la República, y estas subdivisiones provienen precisamente de la "guerra contra el narcotráfico", que tuvo como estrategia principal el descabezar los carteles, y cuando esto sucedía, estos se dividían y creaban numerosos mini-carteles; tan solo en Guerrero se tienen contabilizados al menos 26 carteles de la droga; ninguna de las estrategias policiales reducirán el crimen por sí sola, y menos cuando el país está sumergido en una crisis económica que ya lleva más de 30 años continuos generando millones de pobres, desempleados y lo más grave: millones de jóvenes que no hacen nada (ninis), todos estos millones de personas que no tienen una vida digna, son en realidad un conjunto social, que en términos prácticos, son una reserva delincuencial para el crimen organizado; la estrategia debiera ser el cambio de modelo económico, pero eso no va ocurrir mientras gobiernen los enviados o aprobados por el Fondo Monetario Internacional.

Mientras los números del crimen crecían día con día con total impunidad en México, pocos eran los ciudadanos que exigían abiertamente al gobierno que cumpliera la función primordial de cualquier Estado, que es la de brindar seguridad. Pocos eran los ciudadanos que se atrevían a asistir cuando se convocaban a los mítines o marchas para manifestarse contra la inacción cómplice del gobierno; parecía que ya eran comúnes las fosas con decenas de cadáveres, los asesinatos masivos, las ejecuciones en parques públicos y a plena luz del día, las balaceras frente a las escuelas, el asesinato de los jóvenes, como el ocurrido en villas de Salvalcar.

La indiferencia y el acostumbramiento de la maldad se constató al día siguiente del incendio del Casino Royale, cuando miles de personas abarrotaron los casinos esparcidos por todo Monterrey para seguir jugando en lugar de exigir justicia; la tragedia de los niños de la guardería ABC hubiera desatado en cualquier país de Europa una movilización de masas para exigir castigo a los culpables; pasar por México como inmigrante es un infierno, miles de seres humanos son tratados como mera mercancía, y cientos o quizás miles de ellos han sido masacrados y a muy pocos parece preocuparles.

Así estaba la sociedad en general poco antes de Ayotzinapa, parecía que la sociedad mexicana había aceptado que aparecieran cabezas tiradas en las calles, cuerpos colgados en los puentes, cuerpos desmembrados en las plazas públicas o en las banquetas, mantas que en muchos casos denunciaban a las autoridades policiacas y de gobierno, además estaban los males "menores" el secuestro, los levantones o el pago de piso, todo esto sucedía de manera cotidiana, la gente estaba atemorizada, y parecía que la gran mayoría ya había aceptado sobrevivir con el miedo, sin cuestionar ni enfrentarse al poder establecido.

Poco antes de la tragedia en Iguala escribí el siguiente párrafo: *"No podría decir qué circunstancia específica será el detonante de un gran movimiento social en México, lo que sucedió en Brasil es significativo; en plena copa confederaciones, cientos de miles de personas se organizaron y salieron*

Hoy esa "circunstancia" que ha logrado articular uno de los movimientos sociales a nivel nacional e internacional más significativos de los últimos tiempos en México, lamentablemente ha sido el ataque que sufrieron los estudiantes normalistas. Cientos de miles de personas, pasaron de los likes, publicaciones, mensajes, videos y memes, a las calles, donde centenares de miles de ciudadanos y jóvenes de todas las clases sociales, en la gran mayoría de las ciudades de México, salieron a protestar y a alzar la voz; el certero y criminal ataque a los estudiantes, fue la gota que derramó el vaso; y para el gobierno puede ser la piedra lapidaria del sexenio, Ayotzinapa ha sido la chispa que incendió la red y las plazas públicas en México y del mundo.

Pero este incendio de la red, fue posible gracias a esa reserva moral que resistió el avasallamiento del estado, durante décadas, una "masa crítica" se manifestó de diferentes maneras, desde el movimiento estudiantil de 1968, las elecciones presidenciales de 1988 y 2006, el movimiento zapatista; miles de mexicanos se han manifestado en contra de este sistema opresivo de la vida y la felicidad; pero su voz era acallada con el poder de los medios de comunicación masivos, y si no funcionaba, la muerte era el destino; pero las redes abrieron nuevos métodos y canales de comunicación inter-masiva, y por ende, nuevas posibilidades de organización social.

El 26 de septiembre del 2014 un grupo de alumnos salieron de la escuela normal rural "Raúl Isidro Burgos" y se dirigieron a la ciudad de Iguala en el estado de Guerrero, ubicada a dos horas de camino, para llevar a cabo actividades políticas concernientes a la conmemoración de la matanza de Tlatelolco el 2 de octubre de 1968, ese día, según la versión de la PGR en Iguala, la presidente del DIF municipal María de los Angeles Pineda estaba dando su "informe" de actividades; a las 21:00 horas arribaron a Iguala cerca de decenas de estudiantes normalistas, y con el temor de que los jóvenes estudiantes fueran a manifestarse en contra del informe de actividades de la presidente del DIF.

La versión oficial indica que el alcalde de Iguala José Luis Abarca, esposo de María de los Angeles Pineda, mandó a detener a los normalistas, para llevar a cabo tal orden, la policía de Iguala pidió refuerzos a la policía de Cocula, entre las dos corporaciones policiacas bloquearon la carretera para detener el avance de los autobuses donde venían los normalistas, alrededor de las 21:30 hrs los policías dispararon a los autobuses, después un grupo de civiles armado disparó a todo lo que se moviera, incluso a civiles, y a un grupo de estudiantes que pertenecían al equipo de futbol "Los avispones"; el saldo del ataque armado fue de seis personas muertas: tres normalistas, dos jóvenes del equipo de futbol, y una mujer que venía de pasajera en un taxi; además de 25 heridos y 43 normalistas desaparecidos. El 4 de octubre fueron localizadas seis fosas clandestinas, las autoridades confirmaron que habían encontrado 28 cuerpos, los cuales una vez comparados los ADN se determinó que no eran de los normalistas.

Para esos días la indignación ya empezaba a generalizarse por todo el país, no fue sino hasta el 6 de octubre, cuando el presidente Peña Nieto se refirió a los lamentables hechos de violencia en Iguala, el 7 de octubre la ONU y la Organización de Estados Americanos (OEA), pidieron una investigación y una búsqueda efectiva de los desaparecidos. Organizaciones en apoyo con los padres de los normalistas convocaron a una marcha para el 8 de octubre, que saldría del Ángel de la independencia al Zócalo con el lema: "Ayotzinapa, tod@s a la calle", el Centro Nacional de Comunicación Social AC, difundió a través de su sitio web la convocatoria, la cual la firman decenas de organizaciones, colectivos, ciudadanos. Dicha convocatoria sería la primera acción global por Ayotzinapa, y sería el inicio de múltiples protestas a nivel nacional e internacional.

El 17 de octubre fue detenido el líder máximo de la organización criminal "Guerreros Unidos", ese mismo día el sacerdote Alejandro Solalinde declaró que según dos testigos, le habían dicho que a los estudiantes los quemaron vivos con madera y diésel. "LoQueSigueTV" subió un video[1] donde se convocaba a los usuarios de las redes que difundieran, el 21 de octubre a las 8:00 pm, los rostros y los nombres de los normalistas desaparecidos, con las etiquetas #RegrésalosEPN y #EPNBringThem-Back, en el video se manifiesta la importancia de que el mundo supiera lo que estaba pasando en México, para así presionar al gobierno y encontrarlos vivos, al finalizar el video se puede leer "Tormenta Twitter y Facebook".

La respuesta en las redes fue masiva, más de 200 mil tuits fueron realizados con las etiquetas propuestas durante los días 21,22 y 23 de octubre, además se replicaron en más de 90 países, algunos tuiteros aconsejaban que, si no podían ir al evento, lo retuitearan entre sus amigos para dar conocer la desaparición, y exigir al gobierno que los presentara vivos a los estudiantes desaparecidos.

---

[1] Visto en: https://www.youtube.com/watch?v=o_GHMndeDkY

La convocatoria había surtido efecto en las redes tejiendo una enorme red, el 22 de octubre el Procurador General de la República declara por primera vez, que José Luis Abarca, había dado la orden de atacar a los estudiantes, además establece que la esposa, era la principal operadora del Cartel Guerreros unidos. Ante la ineficacia de las investigaciones oficiales, el apoyo social para llevar a cabo una nueva "Acción Global por Ayotzinapa", sumó más universidades públicas y privadas, en todo el país se sumaron escuelas y universidades a las acciones de protesta; en Monterrey, estudiantes y maestros del Instituto Tecnológico de Estudios Superiores (ITESM), que se habían manifestado desde el 15 de octubre, volvieron a participar en la acción global, al igual que un grupo de estudiantes de la Universidad Autónoma de Nuevo León.

En Morelia, en el marco del Festival de Cine, el actor Daniel Giménez Cacho, leyó una declaración del colectivo "el grito más fuerte", en el Zócalo de la Ciudad de México, decenas de miles de ciudadanos (50 mil cifras del GDF) llenaron la plancha del zócalo, en la segunda jornada de acción global el *hashtag* #EPNBringThemBack se hizo *trend topic,* y por la noche se materializó en las calles y en las plazas públicas, por todo el zócalo la denuncia era implacable: ¡Fue el Estado! En apoyo a la acción global por Ayotzinapa fueron realizados más de 100 eventos de protesta en México y en distintas ciudades del mundo.

La acción global demostró que las redes sociales son una herramienta indispensable para la comunicación, organización y difusión de los movimientos actuales, en las distintas marchas realizadas estaban compuestas en su gran mayoría por jóvenes, pero también por otros movimientos que se sumaron, contingentes de maestros, artistas, profesionistas, músicos, intelectuales, obreros y campesinos; no solo fueron marchas o mítines, en muchos lugares se llevaron a cabo rezos y presentaciones teatrales, el canto también se hizo presente.

El movimiento se extendió también a otras ciudades del mundo, como Londres, Nápoles, Montreal. Los tuits durante la marcha y mitin fueron miles, se postearon fotos en Twitter y Facebook, también se subieron videos a YouTube, comentarios, entre ellos Epigmenio Ibarra, que es productor cinematográfico, articulista, activista e incansable tuitero, subió desde su cuenta: *"Este México herido e indignado clama justicia y exige #EPNBringThemBack. Multiplica con RT este grito, hazlo tuyo".* Al día siguiente de las masivas manifestaciones de protesta en todo el país y en varias ciudades del mundo, Ángel Aguirre renunció a la gubernatura del estado de Guerrero, ese mismo día por la tarde en la cuenta el PRD a través de su cuenta de Twitter, declaró que había recibido miles de mensajes que lo llamaban a tomar decisiones.

El 29 de octubre, después de un mes del ataque y desaparición de los normalistas, el presidente Enrique Peña Nieto recibió a los padres de los estudiantes en la residencia oficial Los Pinos, el encuentro duro más de cinco horas, durante el cual se firmaron acuerdos, como el de "intensificar las acciones y centrarlas en la búsqueda con vida de los desaparecidos"; al finalizar la reunión, los padres dieron una conferencia, donde manifestaron que "no confiaban en la investigación del gobierno", ahí mismo el sr. Emiliano Navarrete declaró *"El gobierno no se da cuenta de que el sufrimiento no se negocia y que las vidas humanas no tienen precio".* Al final de la conferencia se escuchó la demanda, que durante las marchas y acciones se había vuelto la consigna del movimiento: ¡Vivo se los llevaron, Vivos los queremos!

El 30 de octubre un joven normalista de nombre Omar García que sobrevivió al ataque, relató su vivencia en el programa de noticias MVS, primera emisión, que conduce la periodista Carmen Aristegui, él mencionó que estuvo con otros compañeros en el segundo ataque, y entonces fue cuando llamaron a los medios de comunicación locales, que en la gran mayoría se negaban a cubrir los hechos, en ese momento llegó un grupo armado que disparó de nueva cuenta, asesinando a dos jóvenes, entre ellos Julio Cesar Mondragón Fuentes, quien fue brutalmente desollado, en la entrevista, el normalista Omar relató que a su compañero lo desollaron porque le escupió a los agresores[2].

Además dio cuenta de cómo el Ejercito Mexicano no actuó, y que además los acusó cuando estaban en la clínica solicitando ayuda para un normalista herido de bala; comentó que el ejército llegó hasta ahí dándoles culetazos, revisándoles como si ellos fueran los delincuentes, incluso también fue sometido el joven herido, ante esto, ellos le pedían apoyo, y los militares les contestaron: *¡Ustedes se los buscaron! por andar haciendo lo que hacen*; Omar García manifestó que los militares les pidieron sus nombres, pero que dieran sus nombres reales, porque si no, nunca los iban a encontrar.

En la misma entrevista, el Sr. Nicolás Andrés Juan, con lágrimas en los ojos, contó como su hijo está padeciendo las heridas causadas por el ataque, y también dijo que en la reunión le pidió al *"Licenciado Enrique Peña Nieto que investigara por qué los militares actuaron de esa manera"*.

---

[2] Entrevista https://www.youtube.com/watch?v=Y5QvgqwRhpM

El 4 de noviembre por la madrugada, la red de Twitter, también fue la plataforma que utilizaron varios funcionarios de seguridad para dar el anuncio de la detención de "los esposos Abarca": José Ramón Salinas, vocero de la Policía Federal, mediante su cuenta de Twitter escribió: *"Confirmada la detención en el DF por Policía Federal de José Luis Abarca y esposa"*.

Enrique Galindo, comisionado general de la Policía Federal tuiteo: *"La detención de José Luis Abarca y Ma. De los Ángeles Pineda es parte de las investigaciones para localizar a los 43 estudiantes #Ayotzinapa"*

También la cuenta oficial de twitter de la Policía federal mandó el siguiente tuit: *"La detención del ex alcalde de Iguala se efectuó esta madrugada en la delegación Iztapalapa en la Ciudad de México"*. El 5 de noviembre se llevó cabo la tercera gran acción global por Ayotzinapa, la cual había sido convocada días después de la segunda acción global, la jornada tuvo actos de protesta en más países de América y Europa, los paros de labores se extendieron a 72 horas en varias escuelas y facultades de la UNAM, UAM, cientos de miles marcharon por el Paseo de la Reforma hasta llegar al zócalo, en el consulado mexicano en Nueva York se llevó a cabo también una acción de protesta; en un evento de becarios del CONACYT en Francia, los becarios se pronunciaron en solidaridad con los normalistas, y pidieron al gobierno aclare el paradero de los estudiantes, y juzgara a los responsables.

En la ciudad de Los Ángeles, California, el Frente Indígena de Organizaciones Binacionales, emitió un comunicado, en el cual manifiesta, que el gobierno mexicano estaba rebasado; en la embajada mexicana en Londres, una centena de personas también se sumaron realizando un acto de protesta.

En la Universidad de Illinois, Chicago, colocaron 43 mesa-bancos con las fotos de los estudiantes desaparecidos; en la ciudad de Boston, afuera del consulado mexicano, también hubo manifestaciones, en México, en las principales ciudades, también fueron miles los mexicanos que asistieron a los diversos actos de protesta, marchas, mítines, asambleas, misas, comunicados. En Monterrey, Nuevo León, se realizó una marcha-mitin, asistieron alrededor de 500 personas, en su mayoría jóvenes universitarios de escuelas públicas y privadas; además, esta vez se sumaron al paro de labores 115 escuelas y facultades. En el zócalo de la ciudad de México, sobre un templete, los padres de normalistas iniciaron el mitin, dejando en claro que:*" Sí Enrique Peña Nieto no puede, que se vaya"*. Diversos medios electrónicos y alternativos, calcularon que durante la marcha y el mitin en el zócalo, hubo más de 200 mil asistentes.

Para ese día, la inconformidad de la sociedad mexicana con el sistema de gobierno era una realidad; ya no había duda: el gigante por fin había despertado. El reclamo de ¡Fuera Peña! empezó a corearse con más fuerza sobre la plancha del zócalo, miles y miles de personas volvieron ese reclamo la consigna principal del mitin.

El 7 de noviembre, familiares de los normalistas se reunieron con el Procurador Murillo Karam en Guerrero, y ahí el procurador dejó entrever que las investigaciones apuntaban a un homicidio masivo, la versión fue rechazada y la exigencia de presentarlos vivos, seguía siendo la principal demanda; también declaró: *"El Ejército, como todos los ejércitos del mundo se mueven solo por órdenes. Yo nomás quiero hacer una pregunta, ¿qué hubiera pasado si el ejército hubiera salido en ese momento, a quién hubiera apoyado? obviamente a la autoridad, hubiera sido peor, mucho peor, qué bueno que no salió".*

Al final de conferencia de prensa, el Procurador declaró "ya me cansé" en referencia a las preguntas que los periodistas le hacían, la declaración se volvió inmediatamente *trend topic,* a nivel mundial, el #yamecanse se replicó por cientos de miles, y también aparecieron los "memes" que se dispersaron viralmente por las redes, además de mensajes, videos, fotos, miles manifestaron su indignación por estas declaraciones, que días después, Murillo declararía en una entrevista en el programa de noticias conducido por Carlos Loret de Mola, donde lo volvería a repetir.

El 8 de noviembre, en una nueva convocatoria a través de las redes sociales, se realizó una jornada de protesta, miles se manifestaron en la Cd. de México, los manifestantes se apostaron frente al edificio de la PGR y de ahí marcharon al zócalo, tanto la marcha como el mitin, fueron totalmente pacíficos, pero ya en zócalo un grupo de encapuchados derribó las vallas que resguardaban el Palacio Nacional, haciendo pintas y tratando de derribar la puerta principal, al no lograrlo le prendieron fuego, esto causó de inmediato que lo reflectores y todas las cámaras de los reporteros voltearan hacia ellos; la respuesta condenatoria no se hizo esperar, los grandes medios de comunicación, no dejaban de decir que la violencia era intolerable y que había que poner orden, haciendo parecer que los manifestantes pacíficos eran todos en realidad unos violentos provocadores. En las redes sociales circularon varias fotos donde se podía observar cómo este grupo de encapuchados actuó con plena libertad para hacer sus desmanes, sin que la policía los detuviera o intentara evitar sus acciones, incluso en una foto se ve como un cuerpo de granaderos prácticamente cubre a un encapuchado con la máscara de característica de Anonymus, parado en frente a la puerta del palacio nacional. Además, se identificaron en diversas fotografías cómo los "anarcos" parecían recibir órdenes de violentar la marcha, otros tenían al parecer aparatos de comunicación pequeños en sus oídos, como los que usan los agentes de las instituciones de seguridad.

Al final los granaderos y el Estado Mayor presidencial arremetieron contra los manifestantes, dejando heridos y detenidos. El mismo 8 de noviembre, miles de *hashtag* inundaron la página oficial de Facebook de Enrique Peña con las siguientes etiquetas: #RenunciaEPN #FueraEPN. Al día siguiente se vuelve convocar a la caravana 43x43 los cual marcha del jardín de Tlalpan al Zócalo, pero desde los medios masivos de comunicación ya se atacaban las marchas diciendo que solo buscaban causar destrozos.

En medio de la tensión social Peña Nieto decide irse de gira a Asia. Ese mismo día el 9 de octubre un reportaje, que fue difundido en el sitio de "Aristegui noticias", desnudó la corrupción presidencial, el reportaje explicó la adquisición de una casa que sería conocida como la "casa blanca", a un costo de más de 70 millones de pesos, dicha casa había sido construida para el disfrute de Enrique Peña Nieto y su familia a través de una empresa inmobiliaria ligada al contratista favorito de Peña, un señor de apellido Hinojosa, que había sido declarado ganador, junto a un consorcio Chino, para la construcción del primer tren bala en México; pero la licitación fue cancelada tres días atrás misteriosamente, quizás debido a que el gobierno federal esperaba la reacción ciudadana del reportaje, que estaba por publicarse. La reacción en las redes no se dejó esperar, miles de memes circularon, críticas por tweets y publicaciones en Facebook, contrario a los grandes medios de comunicación que casi no dijeron nada, y el silencio total de Televisa sobre la casa blanca fue evidente. El 11 de noviembre cientos de personas protestaron durante el juego amistoso de Futbol entre Holanda y México, llevaban pancartas en la cuales se podía leer "Todos somos Ayotzinapa" y "Fue el Estado".

El día 16 de noviembre unas tres mil personas marchaban hacia el Ángel de la Independencia para exigir justicia, se intensificaron las convocatorias desde las redes sociales sobre una marcha para el 20 de noviembre al zócalo, con tres puntos de encuentro: el Ángel de la Independencia, el monumento a la Revolución y la plaza de Tlatelolco, la universidad Autónoma de San Luis Potosí anunció paro de labores para el 20 de noviembre, innumerables carteles, avisos, mensajes, tuits, publicaciones en Facebook convocaron a la marcha del zócalo, y en varias ciudades de México al igual que en el extranjero. En Monterrey N.L. se lanzó por Facebook diversas convocatorias para la marcha en apoyo a los desaparecidos, a la cual miles confirmaron su asistencia.

El 18 de noviembre, en un acto en el Estado de México, Enrique Peña Nieto declaró: *"Hemos advertido los movimientos de violencia, que al amparo y al escudo de esta pena, pretender hacer valer protestas, pareciera que respondieran a un interés de generar desestabilización, de generar desorden social y sobre todo de atentar contra el proyecto de nación que hemos venido impulsando"*.

El 19 de noviembre se desarrollaron tres caravanas en las ciudades de Morelia, Tlaxcala y en la costa grande de Guerrero, las cuales confluirían el 20 de noviembre en la marcha hacia zócalo. Las marchas que habían sido encabezadas por los padres y familiares de los normalistas, al igual que las convocadas en decenas de ciudades de México, fueron totalmente pacíficas y ciudadanas, pero el 20 de noviembre aproximadamente como a las 11:00 a.m., un grupo de encapuchados se enfrentó a la policía en las inmediaciones del aeropuerto capitalino, lo cual sirvió de pretexto para que los medios "informativos" vertieran comentarios para desalentar a los ciudadanos a participar en las marchas, tratando de manipular la opinión pública y alertando que las marchas eran violentas y que solo buscaban desestabilizar a México.

Las tres marchas convocadas para la Cd. de México que confluyeron en el zócalo fueron contingentes de miles y miles de personas que de forma totalmente pacifica se manifestaron, el secretario de seguridad pública del D.F. reconoció al inicio que solo eran 30,000 personas, pero luego aseguró que el zócalo se llenaba con 100,000 asistentes[3]. Miles, en su gran mayoría jóvenes estudiantes, pero también se nutrió de las organizaciones sociales, de los maestros, de intelectuales, de familias, de señores de la tercera edad, amas de casa, obreros, profesionistas, el padre Alejandro Solalinde, contingentes de escuelas normales, se corearon muchas consignas pero las más repetitivas fueron: ¡Fue el Estado!, ¡Vivos se los llevaron, vivos los queremos!, ¡Fuera Peña!, pero no solo en zócalo se escucharon, también por todas las ciudades y lugares donde se llevó a cabo la cuarta acción global; la respuesta a las marchas fue sorprendente, la sociedad mexicana y en especial los jóvenes, demostraron que ya no son ma-

---

[3] Vea: http://mexico.cnn.com/nacional/2014/11/20/manifestacion-df-normalistas-ayotzinapa-megamarcha-20-noviembre

nipulados tan fácilmente por los medios masivos como en otros tiempos, por fin se vislumbraba una esperanza para la organización de la sociedad, una sociedad que había estado sujeta a las cadenas corruptas, criminales y de impunidad, que los gobernantes habían impuesto en confabulación con las grandes empresas de medios, estos medios habían interpuesto un velo que ocultaba la realidad; el pueblo estaba atado a estas cadenas, que se fueron fortaleciendo con el paso de los años, todo parecía perdido y se empezaba aceptar, sin más opción, que el mexicano era corrupto por cultura, y que todo lo negativo que pasaba era por nuestra culpa, que no había remedio, que teníamos que resignarnos al dolor que causan las estructuras criminales tanto del narco como del Estado.

Cuando el pueblo manifiesta su inconformidad contenida, esta puede ser de manera impactante, como sucedió con los que se manifestaron en el zócalo el día 20 de noviembre, todas las marchas y el mitin habían transcurrido en completa tranquilidad, a pesar de los miles y miles de personas que se habían ahí congregado, pero al final del mitin, en la plancha del zócalo, cuando la mayoría de los miles de asistentes se retiraban, de nueva cuenta un grupo de encapuchados atacó a los granaderos y policías, desatando la represión, sobre los ciudadanos que estaban pacíficamente en el zócalo, volvía aparecer la estrategia, de infiltrar provocadores, generar violencia y atacar contra todo a todos; niños, ancianos, hombres y mujeres; todos fueron considerados sospechosos por la policía, de atentar contra el orden público, todos, menos los encapuchados. La acción global por Ayotzinapa fue una muestra real del poder de las redes, miles de usuarios, que llevaban casi dos meses manifestando su indignación, salieron a las calles y plazas de una gran cantidad de ciudades de México y alrededor del mundo, pero el zócalo de la ciudad de México, se convirtió en el corazón de la protesta social, ahí en medio de la plaza de la constitución, fue quemada una gran piñata del presidente de México.

Al final del mitin, los granaderos practicantes barrieron con sus escudos y toletes el zócalo la noche del 104 aniversario de la revolución mexicana, fue un acto represivo que pudo haber costado la vida de muchas personas, el zócalo estaba repleto de jóvenes, niños, adultos hombres y mujeres que habían sido cercados por los granaderos, y todos estaban corriendo por el avance de los cuerpos policiacos; esa noche estuvo a punto de provocarse una estampida humana, aunado que todas la luminarias del zócalo se apagaron, como una estrategia para incrementar el desconcierto y la intimidación de los manifestantes; estos hechos sin duda dejan ver que el gobierno del Distrito Federal, a través de su cuerpo de granaderos y policía, está totalmente subordinado al ejecutivo Federal; parecía que al Jefe de Gobierno se le olvidaba que los ciudadanos de la Ciudad de México habían sido la vanguardia de los últimos movimientos sociales de México, y que si ahí gobernaba un partido que era considerado de Izquierda no era porque el D.F. era una población fácil de manipular. El detonante de tal acto de represión fue que un grupo de personas se enfrentaron directamente con los policías, los cuales en ese momento solo se agruparon defendiéndose con sus escudos, pero ese grupo de personas, en su mayoría encapuchadas, les lanzaron toda clase de objetos, de repente los granaderos respondieron y arremetieron… pero contra los manifestantes que estaban a la expectativa, y después contra todas las personas que ya se estaban retirando del zócalo; fue sin duda una acción ilógica y desproporcionada, si el objetivo fuera detener a los "violentos".

La forma de actuar de los grupos que terminaron destrozando vidrios, lanzando objetos, pintando paredes, comercios y que se "enfrentan" a los policías, parecía más un plan del gobierno para criminalizar las manifestaciones sociales, los granaderos que estaban recibiendo el ataque se quedaron agrupados sin hacer nada, mientras otros granaderos empezaron el ataque por el flanco derecho hacia las personas que no los estaban agrediendo, lo que demuestra que la acción policial iba encaminada directamente a atacar a los manifestantes.

Esa misma noche diversos medios reportaron más de una veintena de detenidos y varios lesionados, pero el saldo al final de la embestida de los granaderos sobre los manifestantes fue de 11 detenidos y consignados, los cuales fueron enviados inmediatamente a penales de máxima seguridad, tres mujeres fueron enviadas al penal noreste ubicado en Tepic, Nayarti, mientras que los hombres fueron recluidos en villa Aldama, Veracruz; entre los detenidos y consignados se encontraba un ciudadano de nacionalidad Chilena que se encuentra en México estudiando su Doctorado en la UNAM, y el caso del productor de cine de 55 años Luis Carlos Pichardo, del cual hay fotos en las que se ve su participación en la marcha con el rostro descubierto, y pacíficamente como la inmensa mayoría.

La marcha del 20 de noviembre ha sido la de mayor participación en todas las acciones globales por Ayotzinapa, en la red de internet también quedó registrado que el día del aniversario de la revolución mexicana había sido el máximo punto de actividad.

Pero no solo sería la Cd. de México el epicentro de la indignación, en Monterrey N.L. la mayoría de la sociedad regiomontana, que por décadas estuvo sumergida en la indiferencia y apatía por los asuntos sociales, también se sumó bajo un consenso mediático-empresarial, por décadas se fue arraigando en la sociedad regiomontana la idea de que salir a protestar y manifestarse era exclusivo de los estados del sur de México; además el miedo generalizado por la violencia extrema había paralizado la sociedad; las balaceras, los narco-bloqueos, los colgados, la quema de negocios, el secuestro, los cuerpos desmembrados dejados en la calles, las balaceras frente a las escuelas, los levantados, el tejido social regiomontano estuvo en los límites de la destrucción; pero Ayotzinapa hizo posible el despertar, miles de jóvenes empezaron a crear grupos de Facebook para promover la marcha como el grupo de "Ya me canse Monterrey", miles de usuarios tejieron red en Facebook de más de 4,000 participaciones en el grupo; entre el 18 y el 20 de noviembre se vieron reflejados en una marcha histórica, donde miles de personas salieron y tomaron las calles principales del centro de Monterrey, la mayoría eran jóvenes, estudiantes, profesionistas, profesores, la marcha la encabezaron los padres de los desaparecidos en Nuevo León, marcharon de la plaza la Purísima hasta la plaza conocida como la plaza de los desaparecidos, y es que Nuevo León también ha padecido el horror de los desaparecidos, y muchos de ellos fueron víctimas de elementos policiacos.

El día 22 de noviembre se llevó a cabo una manifestación en el Ángel de la Independencia encabezada por familiares, compañeros, maestros y alumnos para exigir la liberación de los 11 detenidos, que en su mayoría eran jóvenes estudiantes. El secretario de gobernación Miguel Ángel Osorio Chong, declaró que era "inadmisible" que grupos de violentos atacaran a la policía; pero lo que resultaba inadmisible era que se detuvieran a personas inocentes, se les consignara por delitos que no cometieron, y fueran llevados a cárceles de máxima seguridad, mientras los esposos "Abarca", hasta ahora considerados los únicos autores intelectuales del ataque a los normalistas de Ayotzinapa, se les detuviera en completa tranquilidad, es más se vio a la esposa del alcalde molesta, y en actitud pendenciera con los policías, que amablemente fueron a captúr a ella y a su esposo.

Pero en el caso de los detenidos aquella noche del 20 de noviembre, la Subprocuraduría Especializada en Investigación de Delincuencia Organizada (SEIDO), se fue al extremo al consignarlos por su probable responsabilidad en la comisión de los delitos de homicidio en grado de tentativa, asociación delictuosa y motín, delitos que no alcanzan el beneficio de la libertad bajo caución; además como pieza clave de la consignación, la PGR aseguró que los detenidos pertenecían a un grupo subversivo, porque entre ellos se decían "compas", los cual nuevamente desató en las redes un nuevo *hashtag*: #Todossomoscompas, que se volvió viral inmediatamente, y se ubicó como *trend topic*, por más de 24 horas, solo superado por el #YaMeCansé, que llevaba dos semanas seguidas como número uno en las tendencias; para ese entonces cualquier frase o declaración que pareciera inverosímil, o que dejara ver la incompetencia de las autoridades, eran subidas en forma de *hashtag* a las redes sociales, las cuales han demostrado ser la base de la difusión de los últimos acontecimientos, y una plataforma desde la cual se está proyectando el sentir de gran parte de la sociedad mexicana, que por tanto tiempo había permanecido indiferente e inerme ante los graves hechos, que se habían estado perpetrando en México desde hacía tiempo.

Los días posteriores a la detención de los manifestantes en el zócalo, se vivieron varias jornadas de protesta, que se desarrollaron de manera pacífica, los contingentes estaban compuestos por maestros de la CNTE y varias organización no gubernamentales, el día 27 de noviembre, el Frente Popular Francisco Villa llevó a cabo un plantón pacífico afuera de las instalaciones de la PGR en la ciudad de México, ese mismo día se empieza a convocar por las redes una marcha para el primero de diciembre, día que se cumpliría el segundo año de haber tomado posesión como presidente de México Enrique Peña Nieto, el colectivo 1DMX subió un video a YouTube, convocando a la población a tomar las calles y buscar nuevas formas, además de la frase "algo va pasar", en el video se ve a dos jóvenes pegando calcomanías en el metro de una caricatura burlona sobre el presidente de México.

El 29 de noviembre son liberados los 11 detenidos, las organizaciones que apoyaron con la defensoría legal, además reclamaron la renuncia del procurador de la República. Al siguiente día, el primero de diciembre del

2014, volvieron a salir decenas de miles de personas por varias ciudades del país y en la capital; también se cumplían dos años del movimiento "1DMX", el cual volvía a refrendar su resistencia a la toma de protesta a la presidencia de México de Peña Nieto; al frente del contingente principal estaban los familiares de los estudiantes desaparecidos, pero también hubo otros contingentes que convocaron a sumarse a las protestas y pedir la renuncia de Peña Nieto; esta vez la marcha se programó en sentido inverso a las otras marchas: ahora sería desde el zócalo hacia el Ángel de la independencia, ahí se congregaron miles y miles en un mar de gente que se extendía por Paseo de la Reforma, las consignas de ¡Fuera Peña! se repetían sin cesar, cartelones con todos los *hashtags* que se han generado desde que empezó la tragedia del ataque a los normalistas, contingentes de actores, académicos, trabajadores, estudiantes de universidades y escuelas públicas y privadas, señores y señoras de la tercera edad, niños con sus padres y hasta el temido "contingente carriola", que eran padres que asistieron a la marcha con sus hijos pequeños en sus carriolas, pero para el gobierno, según se puede entender, todos aquellos que salen a protestar son radicales, y solo buscan desestabilizar a México.

En las inmediaciones del Ángel de la Independencia, casi al terminar la marcha, aproximadamente como a las 20:00 horas, un grupo de encapuchados empezó a realizar actos vandálicos contrarios al ambiente pacifista de la marcha, acaparando de nueva cuenta los reflectores de los medios, sin que nadie les molestara, arremetieron contra comercios, bancos, tiendas, restaurants, oficinas, curiosamente solo los medios llegaron a tomar decenas de fotografías y videos; para cuando la policía llegó a donde se estaban desarrollando los hechos, solo arrojó algunos gases lacrimógenos pero los encapuchados ya se habían retirado en su mayoría, y de manera peligrosa, la policía capitalina encapsuló a cientos de manifestantes pacíficos, visitadores de la Comisión de Derechos Humanos del distrito Federal (CDHDF) hicieron una valla para proteger a los manifestantes, la cantidad de policías, para encapsular a los manifestantes pacíficos sin capucha, era totalmente desproporcionada y fuera de toda lógica, gracias a la intervención del personal de la CDHDF se pudo evitar una nueva represión masiva, y es que aunque el personal de derechos humanos estuvo atento a los actos de abuso de poder, a una señora que salía de una entrevista de trabajo, la golpearon en la cabeza, y se reportaron más heridos de golpes en la cabeza por macana; al final la policía reporto solo tres detenidos.

Las acciones de protesta por el caso de los estudiantes de Ayotzinapa no solo despertaron la indignación de miles de personas en México, también hubo manifestaciones en diversas ciudades del extranjero, los agravios cometidos contra la sociedad mexicana al parecer habían llegado al límite; pero lejos de establecer un dialogo con los afectados, y en general con la sociedad que reclamaba acciones concretas, el gobierno federal promovió más acciones de control social. El congreso mexicano se ha caracterizado por su dependencia del poder ejecutivo, la mayoría de los diputados actúan por consigna, y no por lo que opinen y piensen los ciudadanos de sus distritos, y aprobó sin más, una reforma de movilidad que reforma dos artículos de la Constitución, que sería el primer paso para regular las marchas y manifestaciones públicas.

Además de la acción policial para contener a los manifestantes en las plazas públicas, también en la red se estaba librando una lucha para acallar las voces inconformes, más de 50 mil cuentas "bots" atacaron a principios de diciembre al #yamencase, logrando que Twitter lo bloqueara; el *hashtag* se había logrado mantener más de tres semanas en la posición número de las tendencias de Twitter, debido a la participación de más de 4 millones menciones en la red.

Dicho *hashtag* fue el más mencionado durante las acciones globales de protesta por el caso Ayotzinapa.

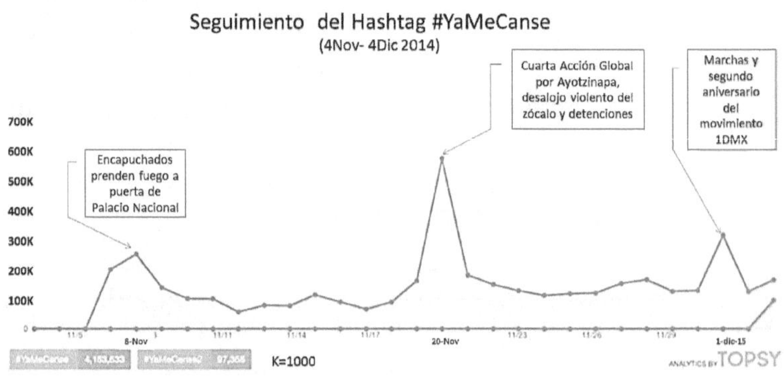

El ataque y el bloqueo es una muestra más de la censura a la que está siendo sujeta la red, pero la respuesta social fue inmediata y los usuarios que habían seguido el caso cambiaron al #yamecanse2, el cual pronto se convirtió en tendencia, y de nueva cuenta empezaba la batalla en las redes. En esos días se llevó a cabo el evento de "recaudación" conocido como Teletón, que por momentos se ubicó en segundo lugar, de los *trend topic*, pero al paso de las horas quedó hasta el quinto lugar aún y con todo el poder y fuerza de su promotor, la principal empresa de medios en México: Televisa.

A pesar de la represión policial y de los ataques cibernéticos, las acciones de protesta no lograron detenerlas, y en plena noche buena con una lluvia incesante, y a pesar del frio, padres de los normalistas se apostaron en las inmediaciones de la residencia oficial de los Pinos. Al cumplirse 3 meses del ataque, el 26 de diciembre se llevaron a cabo manifestaciones en varias ciudades de México, enmarcadas en la "sexta acción global por Ayotzinapa", que fue convocada a través del Centro Nacional de Comunicación Social; en la Ciudad de México se congregaron miles de personas que marcharon del Ángel de la Independencia al Monumento a la Revolución, donde los padres de nueva cuenta exigieron la presentación, además el señor Melitón Ortega padre de un normalista que exigió encarcelar al exgobernador Ángel Aguirre, y al presidente de la República, ahí mismo el vocero de los padres y familiares acusó a los militares de haber participado en la desaparición de los jóvenes.

En Iguala, Guerrero, familiares se reunieron en la Avenida periférico norte, que fue donde se llevó el ataque a los estudiantes, de ahí partieron hasta llegar a las instalaciones del 27 batallón de infantería, para realizar una protesta, donde lanzaron algunos cohetones y realizaron pintas en la garita de entrada, donde pintaron la consigna "aquí están los asesinos". La red ha sido el espacio para dar continuidad a este movimiento, que ha dejado al desnudo la cruel y violenta realidad que padece México desde hace años. Esta espiral de violencia se expandió desde la llamada "guerra contra el narcotráfico", bajo el mandato de Felipe Calderón, y ha costado la vida de cientos de miles de mexicanos, que en muchos de los casos fueron catalogados como "daños colaterales", además en el supuesto que las demás victimas hayan sido personas del crimen organizado, estas debieron haber sido juzgadas, sentenciadas y encarceladas.

La estrategia de sacar los militares a las calles no ha servido para combatir a él crimen organizado, los resultados saltan a la vista, los carteles de la droga se han fragmentado y creado verdaderas zonas de muerte, las mismas corporaciones militares y policiacas han demostrado que para las detenciones de los grandes jefes del narcotráfico no ha sido necesario disparar una sola bala.

¿Entonces para qué tenerlos en las calles? ¿Nos estarán acostumbrando a vivir en un estado de sitio?

La delincuencia está correlacionada con el desempleo y la pobreza; es triste ver a miles de jóvenes en actividades criminales, pero lejos de que el gobierno instrumente programas de atención y educación, los deja al abandono y prácticamente los entrega al crimen organizado.

Lo más triste e indignante es ver como las mismas instituciones de seguridad pública, y por ende del estado mexicano, dispararon, mataron y entregaron a decenas de jóvenes estudiantes a un grupo del crimen organizado; sumemos a esa tragedia la nula intervención de la policía federal y del ejército, que según investigaciones periodísticas, estuvieron enterados y haciendo rondines, y no hicieron nada para detener la cacería que se cernía sobre los jóvenes estudiantes.

En México, históricamente, los movimientos sociales de protesta tienden a ser controlados de alguna manera, o van simplemente diluyéndose con el tiempo, y es lo que esperan al parecer las autoridades en México, con respecto a los jóvenes desaparecidos, el gobierno a través del procurador Murillo Karam, en una conferencia de prensa realizada el 27 de enero del 2015 intentó dar el carpetazo al caso, el procurador manifestó la "verdad histórica" de los hechos: "los estudiantes fueron asesinados y calcinados y tirados sus restos al río San Juan", además utilizó videos para mostrar cómo se desarrollaron los hechos, pero lo cierto es que no hay pruebas científicas irrefutables de que los jóvenes fueron asesinados y calcinados como aseguran los criminales detenidos. Tampoco se ha clarificado la presencia de la policía federal y del ejército el día del ataque, al intentar dar un carpetazo al caso, el procurador Murillo Karam reactivó de nueva cuenta, el interés por el caso; la sociedad en su conjunto no puede permitir que el Estado deje de investigar qué pasó con los normalistas desaparecidos.

La verdad histórica de la que habla Murillo, se basa en dichos y confesiones de los detenidos; y es ampliamente conocido que México es un país, dónde se ha constatado que la tortura es una "técnica" de uso común entre los cuerpos policiacos para obtener declaraciones a modo, entonces no es de esperarse que la "verdad histórica" que narró el procurador sea la que realmente aconteció.

En Twitter se pudo ver un repunte del interés sobre Ayotzinapa, las estrategias del gobierno de querer detener o por lo menos apaciguar las protestas y manifestaciones, no han funcionado, miles de personas siguen manifestándose en las redes y en las calles.

En las redes, los usuarios se han manifestado sin cesar, y al cuarto mes del ataque, se llevó a cabo la octava acción global, en varias ciudades de México como Monterrey, Mexicali, Culiacán, Cuernavaca, en Tampico; en el zócalo capitalino se congregaron varias miles de personas, donde se manifestaron universitarios de la UNAM, UAM, ITAM, y el IPN, y también de universidades privadas, además de religiosos, sindicatos, como el SME, profesores de la CNTE, de telefonistas, amas de casa, trabajadores y miles que exigen la aparición con vida de los estudiantes, la consigna de ¡Vivos se los llevaron! ¡Vivos los queremos!, sigue escuchándose fuerte en cada Acción por Ayotzinapa, las plazas públicas de varias ciudades de México y del mundo son testigos.

El *hashtag* #43NosSonCeniza se formó el 15 de febrero del 2015 en México; la razón de este *hashtag* era oponerse a la versión oficial del gobierno sobre el caso del ataque a los estudiantes normalistas, y que coincidiera con el día que iniciaba la cuaresma en la Iglesia Católica, el cual se conoce como "miércoles de ceniza", tres días después de haberse creado el *hashtag*, se volvió viral, con 41,518 tuits, en una gráfica lineal se puede medir y observar el rápido crecimiento en el tiempo del hashtag.

#43NoSonCeniza en el tiempo
15/feb/2015 al 20/feb/2015

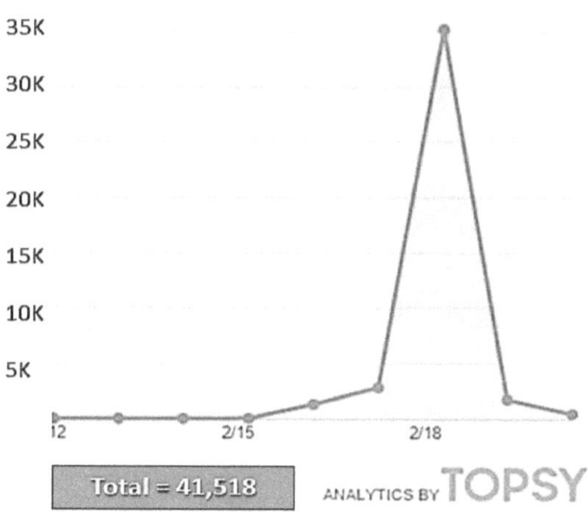

Análisis geográfico del #43NoSonCeniza

Tomado el 18 /Feb/2015 de Trend Maps

Pero la interacción social se visualiza mejor con una gráfica de red, donde se pueden identificar los nodos (usuarios) con más centralidad e interacción en la difusión.

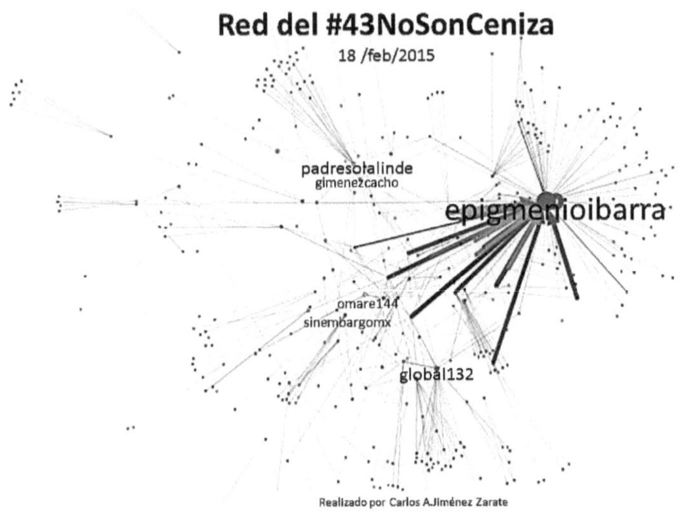

A un año del ataque a los normalistas de Ayotzinapa, el ánimo social era de indignación y de exigencia por la aparición con vida de los 43 estudiantes desaparecidos. Los padres de los normalistas y grandes sectores de la población no aceptan la verdad histórica que ha promovido el gobierno mexicano.

La esperanza de justicia es el motor de los padres y familiares que exigen ver a sus hijos con vida, una exigencia que parece ser que al estado mexicano no le importa, pues lejos de establecer medidas para cumplir con su responsabilidad constitucional de brindar seguridad

134

a los ciudadanos del territorio nacional, se deslinda con declaraciones y teorías poco comprobables.

III.3 #Nochixtlán

La CNTE es una organización social que desde su fundación ha estado en contra de las políticas de los cacicazgos sindicales, en contra de los líderes magisteriales que se corrompen ante al poder, por eso ha sido objeto de innumerables ataques de todo tipo, mediáticos, legales, represión, encarcelamientos y también de ataques mortales.

En el 2013 decenas de miles de profesores se manifestaron contra la reforma educativa, la insurgencia magisterial se esparció en todo el país; aun así diputados del PRI, PAN y del PRD aprobaron dicha reforma constitucional, también fue aprobada en la mayoría de los congresos locales, dejando a un lado la opinión y experiencia de cientos de miles de profesores.

La reforma educativa es un compendio de normas estrictas para las evaluaciones magisteriales, el profesor se somete a un proceso de evaluación estandarizada que no refleja la dinámica propia del profesorado de cada región y zona del país. En el mes de septiembre del 2013 fue desalojado violentamente el mega-plantón del zócalo de la Ciudad de México por las fuerzas policiales. El desalojo fue transmitido en vivo por varios programas de televisión, que sin reserva alguna, aplaudieron lo que llamaron la limpieza del zócalo.

En el mes de febrero la asamblea nacional de la CNTE acordó una serie de acciones para impulsar el diálogo nacional magisterial, con miras a cancelar la reforma educativa, a principios del mes de junio se intensificaron las acciones de protesta, al principio, el núcleo de las protestas fue solo en el estado de Oaxaca, pero pronto hubo manifestaciones en otros estados, incluso en Nuevo León, donde el colectivo de "Maestros de Nuevo León" estableció un plantón permanente en la Macroplaza en pleno centro de Monterrey. recordando las acampadas de los indignados en Plaza del Sol, y de los Occupy en Wall Street.

Al parecer para los maestros de la CNTE solo había represión y muerte de parte del estado mexicano. El 18 de junio se realizaron distintas marchas y acciones de protesta en varias ciudades de México; incluso algunos bloqueos de carreteras entre ellas la carretera que conecta la región norte del estado de Oaxaca en el poblado de Nochixtlán.

En la mañana del domingo 19 de junio del 2016, diferentes regimientos policíacos realizaron diversas acciones de desalojo, al final de la refriega resultaron por lo menos seis muertos y centenas de heridos entre civiles y policías, al principio, las autoridades negaron el uso de armas de fuego, pero un video[4] difundido por la cuenta *@Tte_aRto* del reportero Jorge A. Pérez, mostró todo lo contrario, el video alcanzó solo en la cuenta del reportero, más de 2,200 retuits y 559 me gusta.

---

[4] https://twitter.com/Tte_ARto/status/744647737933586432

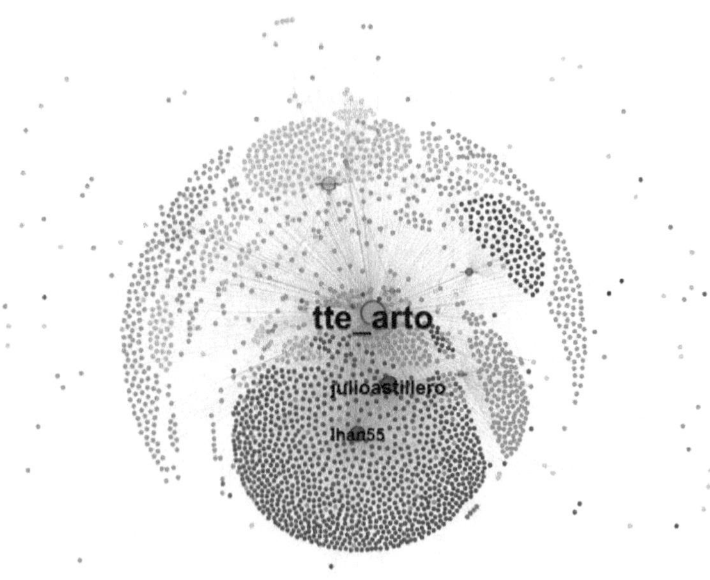

El apoyo social al movimiento magisterial ha ido en aumento, en las redes cientos de miles de usuarios se manifestaron en favor del diálogo, pero el gobierno federal insiste en no escuchar a los maestros. El secretario de Educación Pública de México, ha reiterado en diversas ocasiones que él no dialogará porque la reforma educativa es una ley constitucional, y que no hay nada que dialogar, se escuda en que la reforma educativa está aprobada legalmente, pero se olvida que el poder público emana del pueblo y debe ser instituido para el beneficio de este, según el Art.39 constitucional de México, el secretario sabe que la reforma fue aprobada solo por diputados del PRI y del PAN, los cuales desde hace mucho tiempo dejaron de representar al pueblo mexicano. En Twitter se manifestaron contra la violencia en Nochixtlán cientos de miles de personas, exigiendo que cese la violencia hacia el magisterio.

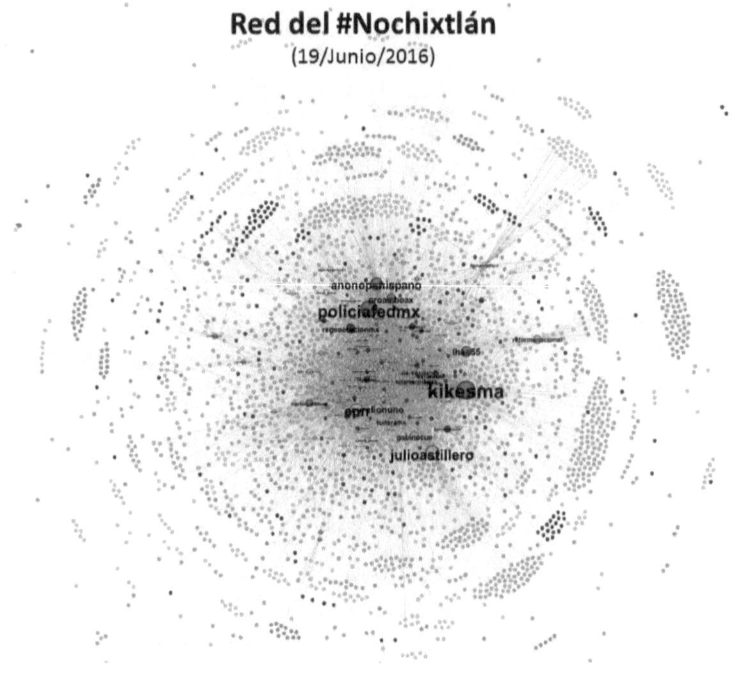

Red del #Nochixtlán
(19/Junio/2016)

Pero el *hashtag* de #Nochixtlán no fue el único, surgieron otros *hashtags* de apoyo a los maestros, #OaxacaGrita, #CNTE, #OaxacaLucha. La reacción no se hizo esperar, y el 21 de junio surgió el *hashtag* #CNTEmereceViolencia, el cual se convirtió en tendencia nacional en México. En dicho *hashtag* hay varias publicaciones de imágenes, videos y textos que promueven la violencia en contra de los maestros de la CNTE, incluso hay un video publicado por la cuenta @xNoruegx, donde se observa a personas disparando al aire[5].

**Dinámica de Tendencias.
Movimiento magisterial**

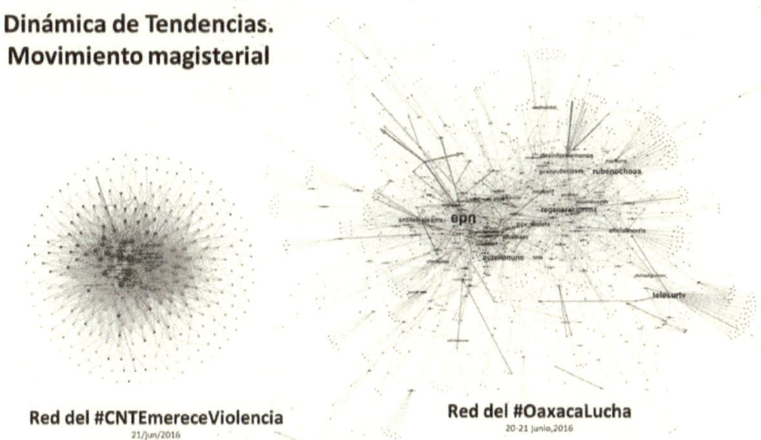

Red del #CNTEmereceViolencia
21/jun/2016

Red del #OaxacaLucha
20-21 junio,2016

En un análisis de redes se puede observar cómo el *hashtag* fue promovido por un centenar de cuentas *bots* y *trolls* organizadas sistemáticamente para evadir los algoritmos anti-spam de Twitter, en un grafo complejo se puede observar la estructura bien definida, típico de las estrategias programadas (*bots*) para realizar tendencias artificiales, contrario a los grafos de las redes sociales con interacciones reales, como la red generada por el #OaxacaLucha, desde la cual miles de usuarios se manifestaron en contra de la represión, y a favor de la CNTE.

En google se puede observar el interés de los usuarios y de la población, mediante el google trends, es claro que la CNTE ha estado siendo observada y seguida por miles de usuarios de las redes y de internet. La siguiente

____

[5] https://twitter.com/xNoruegx/status/745385946128875520

gráfica constante que ha habido un gran interés social por las acciones de la CNTE, se equivoca el gobierno al ignorar la resistencia magisterial. Los maestros y profesores mexicanos son un núcleo importante del tejido social, pero el gobierno insiste en presentarlos como el problema, y no como los líderes que hacen falta para instaurar el sistema de beneficio social y colectivo plasmado en la constitución mexicana.

III.3 *Redvolución vs televisión*

Los grandes medios son utilizados como agentes propagandísticos y de control social, la mayoría de los gobiernos están en una alianza de facto con los periódicos, televisoras y radiodifusoras, hace menos de una década los medios masivos se erigían como los únicos portadores de la verdad.

En la actualidad las redes sociales han abierto la comunicación social contrarrestando los efectos mediáticos de dichos medios masivos, principalmente de la televisión.

Pero pensar que los medios masivos y las redes sociales son plataformas tecnológicas antagónicas sería un error, los grandes medios se han ido fusionando con los proveedores de servicios de internet, creando grandes corporaciones empresariales de medios, por ejemplo, la empresa Time Warner es un conglomerado de empresas de televisión, radiodifusoras cine, multimedia, publicaciones y por supuesto de internet, Time Warner es el segundo proveedor de internet en los EUA.

Estas grandes compañías empresariales controlan casi en su totalidad el mercado internacional de medios de comunicación a nivel mundial, y con ello el poder de manipulación de la opinión pública es de proporciones globales. Estas grandes empresas de medios se han agrupado para crear verdaderos oligopolios de los medios de comunicación y entretenimiento como los son Time Warner, Sony, GE, Viacom, The Walt Disney y News Corporation. Las corporaciones de medios han sido duramente cuestionadas, ya sea porque son empresas que abarcan un amplio espectro de negocios como GE, o en el caso de News Corporation, que es dueña de periódicos, radiodifusoras y canales de televisión, creando monopolios de información en regiones completas de los EUA.

En el documental de Jean-Philippe Tremblay titulado "Sombras de Libertad"[6], se describe como cinco empresas controlan más del 90% de la información en los EUA; con esto la libertad de prensa, que es un derecho fundamental y protegido constitucionalmente en aquel país, estaría siendo sistemáticamente bloqueado, el gobierno de los EUA ha logrado crear un consenso social en su población, en una simbiosis perfecta el gobierno y los oligopolios de los medios, han logrado que la mayoría de su población acepte casi sin cuestionar la opinión de unos cuantos "comunicadores", los medios informan excesivamente noticias de espectáculos y de la industria de Hollywood, dejando casi sin mención los temas económicos o del medio ambiente. El caso icónico de esta simbiosis entre medios y gobierno, es sin duda la Guerra emprendida por los EUA contra el gobierno de Irak. Tras el ataque y destrucción de las torres gemelas el 11 de septiembre del 2001 en la Ciudad de Nueva York fue la

---

[6] Puede ver el documental en: https://www.youtube.com/watch?v=QQePHH-g5jkQ

bandera de salida para la nueva era de las "guerras pre-
ventivas" por parte de los EUA y aunque desde un principio se señaló a Al-Queada (Afganistán), las baterías y
cañones apuntaron y dispararon primero contra Irak, los
medios norteamericanos difundieron sin cuestionar la
información de las "armas de destrucción masiva", que
según ellos poseía Irak.

El gobierno de los EUA mediante el poder de los
medios de comunicación masivos, validó la guerra contra
Irak; la estrategia funcionó, y la mayoría del pueblo estadounidense aceptó lo que al final resultó en una mentira.
Pero los medios no se conformaron solo con ser agentes
propagandísticos del gobierno, hicieron del horror un ne-
gocio. Las cadenas de noticias de EUA transmitieron en
vivo el bombardeo contra la ciudad de Bagdad, la inva-
sión fue presentada como un acto de patriotismo, así nadie podría estar en desacuerdo, y cualquier persona que
se manifestara en contra de la política bélica era considerada como un anti-patriota. Miles de civiles inocentes
del pueblo de Irak fueron víctimas de una guerra, que
aún continúa dividiendo el pueblo iraquí.

La difusión masiva de manera uní-direccional de la
"información", es el verdadero poder de los medios masivos (radio, televisión y prensa), las personas solo ven lo
que ellos están dispuestos a transmitir, ya sea a través de
las pantallas de los televisores o por radio, y los grandes
periódicos nacionales e internacionales. Esta condición
uni-direccional limita la información. Pero las corporaciones de medios, no se conforman con el control de los
medios tradicionales, también controlan grandes zonas
de redes de internet mediante empresas proveedoras de
estos servicios; las grandes compañías de medios hacen
parecer a esta expansión de poder mediático, como una

142

"estrategia" de negocios, pero cada día el contenido (información) generado por los propios ciudadanos y personas crece, y toma más relevancia que lo expuesto en los medios tradicionales.

La autogeneración de información ha ido en aumento y es lo que ha puesto en jaque al poder de manipulación de los medios masivos de comunicación.

En México el uso de las TIC ha contribuido a la difusión de los últimos movimientos de protesta o "antisistema", en los noticieros de los grandes medios, estos movimientos normalmente se difunden con opiniones negativas, y no hay que perder de vista que la televisión no ha perdido su estatus de ser el mayor medio masivo, su alcance en la población mexicana es de más de un 90%, que contrasta con un 30% de cobertura de internet en México.

La televisión y radio en México operan en gran medida por medio de dos empresas privadas. Los grandes medios difunden las noticias de tal modo que no altere los intereses creados del grupo de control, las empresas de medios llevan a cabo una verdadera sintonización masiva del pensamiento, tal como lo describió Noam Chomsky en su teoría "Fabricando el Consenso", donde explica cómo la élite empresarial y política mediante los medios de información, han logrado manipular y polarizar cuando se requiera, la opinión pública.

La polarización ideológica o política es una herramienta para infundir el miedo en la sociedad al cambio; la élite financiera es un grupo muy pequeño numéricamente pero extremadamente poderoso, ya que son ellos los que realmente llevan las riendas de las políticas económicas, financieras y sociales, y para ellos preservar el estado de las cosas, es fundamental la desunión social.

Para eso dividen y polarizan a las sociedades: para los poderosos los "malos" son aquellos que no quieren la armonía social, que son todas las personas que se atreven a protestar por la defensa de sus derechos, sociales, laborales y civiles, y del lado de los "buenos" estarían los ejecutivos que se encargan de dirigir el sector patronal-empresarial, y todos los trabajadores, obreros, operarios o asociados que están conformes, conscientes o no, del modelo de explotación capitalista.

La televisión se ha convertido en la más poderosa herramienta de manipulación de la opinión pública en el mundo; la industria de la televisión en México es más cerrada que en otros países; en el país solo dos empresas televisoras, que operan como un duopolio que abarcan aproximadamente el 70% de la audiencia nacional, de ahí su poder de mercadotecnia para la promoción de productos, campañas políticas, y por supuesto para el manejo y manipulación de la opinión pública; las televisoras hasta antes de la última reforma electoral, absorbían la mayoría del presupuesto público para las campañas políticas electorales.

El poder de los medios es incuestionable y este poder ha evolucionado; ya no se conforman con ser aliados del poder, hoy quieren ser el poder.

En México hace años el antiguo dueño de Televisa se declaraba un soldado del PRI, pero las cosas han cambiado; hoy gobernadores, senadores, diputados, alcaldes, magistrados y hasta el mismo presidente de la República, prácticamente se inclinan ante cualquier comentarista o periodista; la clase política de cualquier parte del mundo se rinde ante los poderosos medios, saben que las grandes empresas de medios pueden acabar y destruir sus carreras políticas en cuestión de días. Las corporaciones de medios tienen en sus filas expertos manipuladores de la información, que pueden encumbrar a cualquier persona a la cima del poder político, o desprestigiarlos y hacerlos renunciar, o de lo contrario encontrarán cualquier pretexto para exigir su encarcelamiento.

Pero este poder omnipresente de los medios masivos se ve cada día más eclipsado por el crecimiento de las redes sociales para la crítica política y las cuestiones sociales, ante esto los grandes medios le siguen apostando a programas con contenidos que pueden catalogarse como basura.

En el 2013 los diputados del PRI y del PAN mayoritariamente, aprobaron la reforma energética, la cual en su parte más controversial, cedía parte de la renta petrolera a las empresas privadas, la idea de entregar el petróleo a sus antiguos dueños se hacía realidad, pero la inercia de las ideas revolucionarias todavía permeaban en grandes sectores sociales y políticos, tres décadas de socavamiento de las instituciones del estado, de privatizaciones, de políticas de desregulación, además de la manipulación mediante la televisión, la prensa y la radio, fueron diluyendo los valores nacionalistas en los que se soportaba gran parte de la política petrolera del Gral. Lázaro Cárdenas.

Comentaristas, analistas, actores, presentadores y un séquito muy numeroso de conductores de noticias, alegaban sin cesar, que la reforma era lo mejor que le podría pasar a nuestro país, a veces para verse "democráticos" invitaban a alguna voz opositora, pero era eclipsada ante la mayoría de las voces a favor, así opera el sistema de manipulación, todos al mismo tiempo diciendo lo mismo. Pero en las redes sociales la historia era otra, ahí se veía una verdadera interacción entre los usuarios, como hemos visto las redes van entretejiendo personas, pero también se van creando núcleos que pueden ser personas que se convierten en líder de opinión, y tienen una alta interactividad con otros usuarios. La discusión de la reforma en las redes se cargó mayoritariamente hacia la crítica y a la oposición a la aprobación, entre los *hashtags* más utilizados estuvieron el #reformaenergetica y #Pemex, el análisis realizado por Mesura indica que la columna del Profesor y articulista John Ackerman titulada "Juventud movilizada y petróleo mexicano", fue compartida mil 330 veces en Facebook, y 4 mil 843 en Twitter, desatando un debate intenso en las redes.

Pero uno de los episodios entre las redes y el poder de la televisión en México se dio entre la conductora y periodista Carmen Aristegui y la conductora de reality shows Laura Bozzo, que conduce programas que se fundamentan en denigrar a las personas que asisten para "exponer" sus problemas.

El epicentro del tal confrontación se dio porque en septiembre del 2013, en el municipio de Coyuca de Benítez en el estado de Guerrero, en la comunidad "La pintada", tras el paso del huracán Manuel, Bozzo bajó de un helicóptero vestida como rescatista, pero un reportaje que presentaron la periodista Marcela Turati y el fotógrafo Eduardo Miranda en la revista Proceso, evidenció que la conductora se trasladó en un Helicóptero del gobierno del Estado de México, montando todo un show a costa de la tragedia; la periodista Carmen Aristegui entrevistó a Turati y al fotógrafo en el noticiero matutino de mvs radio, ambos narraron como testigos presenciales de los hechos, cuando llegó un helicóptero, el cual ellos pensaban que traía víveres para repartir en la población, pero no era ayuda lo que llegó en ese helicóptero, sino la conductora de televisa Laura Bozzo, la cual estuvo varios minutos planeando con su equipo de producción cómo se elevaría de nuevo, y escenificar como bajaría del helicóptero mediante una cuerda cómo si fuera una rescatista de verdad; en la entrevista se cuestionó el uso de recursos públicos para un show televisivo, y montar un "teledrama" utilizando la tragedia nacional, incluso Turati relató cómo Laura es utilizada por el gobierno como una especie de distractor, cómo en el temblor de marzo del 2012, cuando el gobernador la llevó a una comunidad de nombre Tlacuachicahuaca, en Ometepec, y la gente empezó a tomarse fotos con ella en lugar de reclamar ayuda.

La entrevista desató la furia de la conductora de televisa, llamando mentirosa y hasta lanzó un reto contra Carmen Aristegui, para ver a ¿Quién de las dos reconocía más el pueblo? y a ver ¿A quién quería la gente?, y se erigió como la voz de la gente; pero no solo en la TV mostró su disgusto, la conductora también utilizó la red social de Twitter en donde escribió que no le gustaba como se manejaban las redes sociales, Pero lo más destacable es que no fue la periodista Carmen Aristegui la que sacó el reportaje sobre el show mediático de la "rescatista", sino dos periodistas de la revista Proceso, Aristegui solo entrevistó a la periodistas y al fotógrafo, pero como desde hace tiempo Aristegui se viene enfrentando a Televisa, la empresa "preponderante" en televisión mexicana al parecer no olvida ni tampoco perdona.

En esos días, el plantón de los maestros de la CNTE había sido desalojado, y el gobierno aprovechó la coyuntura del programa de recolección de ayuda para los damnificados y montó un centro de acopio en el zócalo, y desde ahí Televisa transmitió en vivo sus programas de revista, y por supuesto no podía faltar el programa estelar de Laura Bozzo, donde se erigió una vez más como la salvadora del pueblo mexicano, y siguió con su andanada contra la periodista Aristegui.

Ante estos hechos las redes literalmente hirvieron en favor de la periodista mexicana Carmen Aristegui, quien ha tenido un papel fundamental en el periodismo mexicano, y que gracias a sus investigaciones, reportajes, entrevistas y comentarios, cada mañana desde muy temprano, de lunes a viernes, ha hecho de su noticiero, un referente nacional para tener un amplio panorama informativo, lo que no se da en otros medios, que se pliegan solo a una visión político-empresarial. El *hashtag* #FueraLauraBozzoDeMexico se hizo viral en la red de Twitter, colocándose como *trend topic* con más 14 mil menciones contra la "señorita Laura", conductora estelar de Televisa.

148

Tomada de Trenmaps el 25 de septiembre del 2013

El efecto de esta "batalla" ha sido una de las pocas que ha logrado medir, el enojo en las redes contra la televisora trascendió de manera significativa en las ganancias de la empresa televisa; en un seguimiento de la revista Proceso, esta indicó que la empresa IBOPE registró una caída de 4 puntos de rating[7] para el programa de la Laura Bozzo, lo cual representa alrededor de dos millones de televidentes, es importante destacar este episodio entre los medios y las redes, porque de alguna muestra cómo lo que opinan los ciudadanos en las redes sociales, está ganando terreno al control mediático de los grandes medios.

Los medios masivos tienen de su lado una gran cantidad de "analistas" que dan la impresión de informar en un ambiente de libertad y de pluralidad, pero en realidad no dicen nada que pueda incomodar al régimen; si acaso esbozan críticas sobre asuntos particulares, pero nunca sobre la operación y funcionalidad del actual sistema económico. Ante este escenario los medios masivos,

---

[7] Consulte: http://www.proceso.com.mx/?p=355720

también están utilizado las redes sociales para influir en la opinión pública, esta convergencia de medios y redes se ha probado en mayor medida en los gobiernos que no se han alineado completamente al control económico de los grandes capitales transnacionales.

Otro ejemplo de esta batalla entre medios y redes sucedió a principios del mes de diciembre del 2014. En México, desde hace 18 años, los grandes medios de información se unen para transmitir en cadena nacional el Teletón, que es un programa de recaudación de donativos para la construcción de Centros Infantiles de Rehabilitación operados por la Fundación Teletón; aunque este programa ha sido duramente cuestionado desde su creación, sin problemas llegaba a su meta de recaudación; pero el decimoctavo Teletón se dio en un ambiente totalmente diferente, inició con la intervención del comediante Eugenio Derbez, que primero habló de las críticas que desde hace años venían realizando contra el Teletón (las cuales nunca habían atendido), como la transparencia, y mencionó que se habían manifestado ideas como *"que si se usa para para evadir impuestos"*, y en un acto para parecer irreverente y sensible a la situación del país, de plano dijo, que una de las criticas era que muchos pensaban que *"se usaba para comprar casas en la lomas, en referencia directa a la casa blanca"* de la familia del Presidente de México, además pidió *"no mezclar las cosas negativas con algo tan positivo como es el teletón"*, pidió a los que tenían dudas que visitaran un CRIT, que fueran a fondo, y siguió diciendo: *" que así como las redes sociales están abiertas para que todos opinen, así están abiertas las puertas de los CRIT"*. Después, casi al final de su intervención declaró: *"que pena que el coraje, el odio y la impotencia por lo que está pasando en el país, opaque un logro tan importante como*

150

este, y es que no confundamos una cosa con otra, los más de 700 medios que se unen para apoyar el teletón también han transmitido las terribles noticias que hoy lastiman a México", Eugenio Derbez dejó en claro que lo que había dicho era a título personal, y que no era un guion que le había impuesto Televisa.

Y es que desde del inicio del proyecto, era la primera ocasión que la principal empresa impulsora de tal evento se mostraba preocupada, y hasta enojada por los contenidos que fluyeron en las redes sociales sobre el Teletón. Su preocupación tenía fundamentos, el evento no lograba llegar a su meta, y se tuvo que dar un alargue del tiempo programado; Eugenio Derbez regresó casi al final del programa para comentar su desilusión por los resultados, y además lanzó un reto para que se presentara el contrato, que desde las redes sociales, circuló durante el Teletón, el cual probaba que él si había sido contratado por su participación en el Teletón; y ponía en duda lo que él había asegurado al inicio del programa donde dijo: "que él ya no trabajaba para esa compañía desde hacía un año"; pero la molestia por no alcanzar las meta se vería aún más reflejada en los comentarios del conductor de Televisa Carlos Loret de Mola, que en un arrebato de enojo, dejó claro que el gobierno nunca iba poder hacer lo que ellos hacen desde su fundación, hasta se fue en contra de la ONU, cuestionando que *¿Cuántos CRITS tiene la ONU?*

Después el periodista de Televisa siguió con su discurso "rebelde", lo que el llamó el "eje central" que a su modo de ver, son las redes sociales lanzando la pregunta: *¿Qué culpa tienen los niños de los 43 de Ayotzinapa?* Para asegurar *"tiene la culpa el alcalde, el cartel, el gobernador y que la responsabilidad ha llegado hasta la puerta de Los Pinos* *del presidente Peña Nieto, esa es la línea de la responsabilidad"*, además cuestionó *¿Y la casa de las lomas?* Pidió que se les cobrara a Angélica Rivera, a Enrique Peña Nieto e incluso que se las ccobraran a Televisa, estas acciones dejan en claro que los medios están claramente preocupados por el poder de las redes sociales de internet.

Los medios masivos funcionan como agentes comunicadores de los gobiernos en turno, no ven con buenos ojos que la gente busque por sí misma la información, mucho menos que sean generadores de la misma, por eso utilizan estrategias de control mediático para demostrar la capacidad de auto-informarse, y condenan el uso de la información sobre la clase política que ha servido para promover los movimientos de protesta que se dan por todo el orbe, ellos quieren continuar con el sistema de comunicación uní-direccional, conservando para ellos el poder de la información. Los grandes oligopolios de medios de información censuran el análisis y el debate sobre las políticas públicas, entre ellas la democratización de los medios, pero esta democratización se está dando de manera natural a través de las redes sociales o páginas de internet.

Las grandes empresas manipuladoras de opinión pública saben que la población juvenil ya no se cree tan fácilmente sus tragicomedias; la actual generación casi no ve sus noticieros y mucho menos les cree sus noticias, los jóvenes perciben que algo anda mal; por eso los medios desatan su furia contra las redes sociales, saben que les queda muy poco tiempo para seguir manipulando las masas; por eso los grandes corporativos de medios de comunicación, en conjunto con el gobierno, promueven políticas de censura y control de la red. Las tendencias registraron la batalla entre los impulsores del #TeletónMéxico contra el #niunpesoalteleton; además se puede

observar que el *hashtag* oficial del Teletón, nunca pudo
rebasar al #YaMeCanse2 que ha sido el *hashtag* bandera
del movimiento para exigir justicia por el caso Ayotzinapa.

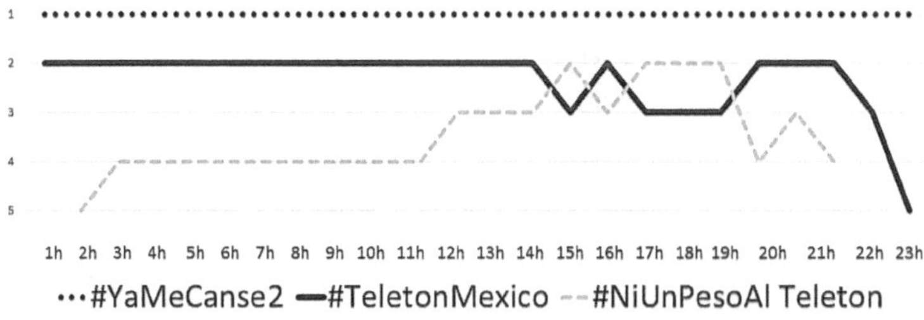

El centro del poder político ha cambiado, ahora ya
no se puede decir que los medios son el cuarto poder, actualmente son el poder que controla la política en varios
países, y lo ejercen de manera omnipresente, manejan a
su conveniencia la opinión pública; ante este gran poder,
varios sectores de la población se han organizado para
protestar y luchar por la democratización de los medios
y sobre todo por un "Internet libre para todos". La red
de internet ha sido el cauce natural por donde fluyen las
ideas e información sobre los actuales movimientos de
protesta.

El gobierno y los medios, buscan incesante el control de la red, y obviamente de los contenidos, la mayoría
de los comentarios que fluyen en la redes son adversos a
los intereses corporativos y políticos. Miles de sitios web,

153

se dan a la tarea de informar, analizar o difundir asuntos de interés público; estos sitios en su gran mayoría son manejados por colaboradores o personas que dedican parte de su tiempo a trata de combatir el poder de los oligopolios de la información, en todo el mundo hay ciberactivistas, blogeros, streamers, facebukeros, tuiteros, que buscan incidir en la opinión de los demás, algunos de sus temas se vuelven virales, y logran tener una audiencia importante. Aunque la red también ha servido para trasladar el poder informativo de las grandes empresas de medios.

Los medios van más allá de manipular la opinión pública en favor de los intereses de los grupos de poder económico y político, y le siguen apostando a la distracción; en todos los canales de televisión mexicana existen innumerables programas que parecen que no tienen otro fin que la pérdida de tiempo, e intentan todas las artimañas, por ejemplo, el partido de futbol entre la selección mexicana y la selección de Brasil, que programado coincidentemente el 7 de junio del 2015, día de las elecciones intermedias en México.

A principios de noviembre del 2014, el equipo de investigaciones especiales de Aristegui, dio a conocer en el sitio web "aristeguinoticias.com", el reportaje titulado "La Casa Blanca del Presidente", el reportaje causó una oleada de críticas contra Peña Nieto en las redes en México y a nivel internacional; el mismo revela una probable situación de conflicto de intereses, y es que la casa blanca fue construida y financiada por una empresa del Grupo Higa, que es uno de los principales grupos de contratistas del actual gobierno. Días antes de la presentación del reportaje el gobierno federal había cancelado la licitación para la construcción del primer tren rápido México-

Querétaro, una de las empresas ganadoras de la licitación había sido Grupo Higa.

El reportaje tuvo un gran efecto en los medios internacionales y en las redes, tal es el caso del periodista de Univisión Jorge Ramos, quien ha comentado el caso en varias ocasiones en sus noticieros, y hasta en la cena de gala organizada por la revista TIME, donde manifestó: *"Señor Peña Nieto, comprar casas de contratistas y luego darles millones de dólares en contratos, es corrupción, por eso tanta gente quiere su renuncia y no nos vamos a callar"*.

Tras el anuncio el 10 de abril de la plataforma MEXICOLEAKS, donde participa el equipo de Carmen Aristegui, la administración de MVS Radio emitió un comunicado en contra del equipo de colaboradores de Aristegui, por la utilización de la marca MVS sin consentimiento de la administración en otras plataformas periodísticas. El despido desató inmediatamente la reacción en las redes sociales, las cuales en cuestión de horas inundaron con cientos de miles de tuits; el *hashtag* #endefensadearistegui, se volvió *trend topic* internacional.

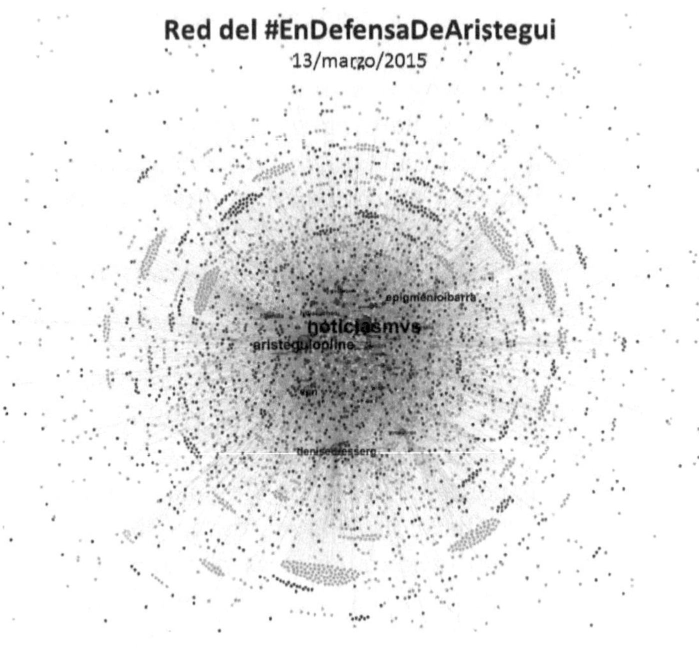

La gráfica anterior es resultado de la recopilación de miles de menciones que se hicieron con el *hashtag* #endefensadearistegui el día 13 de marzo, se observa la cuenta @epn, y no es que esa cuenta haya sido un generador de opinión, en los datos recabados para la creación de la gráfica de la red del *hashtag*, la cuenta aparece como destino de innumerables críticas, al igual que la cuenta @noticiasmvs, que también fue el blanco principal de las críticas por el caso.

Más allá del pretexto de un conflicto de pérdida de confianza de un patrón hacia un trabajador; el caso MVS-Aristegui parece haber sido una operación orquestada desde la cúpula del poder político en México. El

156

día 15 de marzo por en la noche MVS tomó la decisión de despedir a Aristegui; el lunes 16 temprano la periodista se presentó a su lugar de trabajo, pero ya no pudo entrar; afuera de las instalaciones de MVS Radio cientos de sus seguidores la acompañaron, este es un claro ejemplo de censura a la mexicana.

En las redes la indagación se expandió como una explosión, y ante un ataque masvio de cuentas bots al primer *hashtag*, empezó a desarrollarse un segundo *hashtag* #endefensadearistegui2, entre los dos *hashtags* lograron más de un millón de menciones en una semana, esto es sin duda uno de las reacciones más virales en las redes sociales en México.

La sociedad mexicana ha sabido responder ante la censura que se cierne de manera más frecuente en las redes, pero a diferencia de los grandes medios masivos de comunicación que son controlados y unidireccionales, las redes sociales en Internet son altamente dinámicas y no responden a intereses particulares, solo un apagón total de la red de telecomunicaciones podría acallar las voces de descontento social, en la gráfica siguiente se puede observar que, incluso el segundo *hashtag*, llegó a ser más potente que el primero.

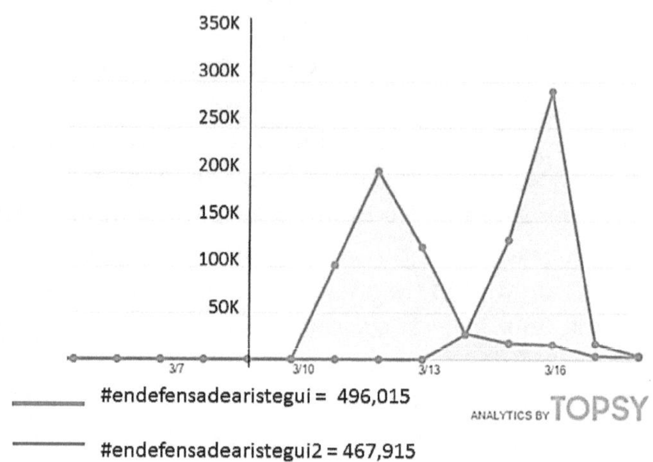

Tomado de Topsy.com

El 19 de marzo la periodista junto a su equipo de trabajo dio un mensaje vía "streaming", debido a que el Museo de la Memoria y Tolerancia canceló, por razones de seguridad y salvaguarda, y es que el museo quedó rebasado por la gran audiencia que esperaba el mensaje; en la conferencia Aristegui fijó su postura mediante un comunicado, y declaró que esperaba regresar a MVS, antes del comunicado se dio la instrucción para que aquellos usuarios que quisieran enviar preguntas lo hicieran mediante Twitter, bajo el *hashtag* #aristeguisequeda, y que fueran enviadas a la cuenta @aristeguionline.

El *hashtag* se volvió inmediatamente *trend topic*, fueron en total más de 11,000 tuits, de los cuales más de

8,000 fueron retuits, pero el impacto en la audiencia de la redes de Twitter fue de más 11, 000,000 según estadísticas del sitio "analytics.followthe*hashtag*,com" especializado en seguimientos de *hashtags*.

El asedio al equipo de Aristegui siguió; después de la difusión del reportaje "Fueron los federales" de la periodista Laura Castellanos en el sitio web "aristeguinoticias.com", tras la publicación, el sitio fue objeto de un ataque cibernético; dicho ataque mantuvo fuera de internet el sitio web entre el 18 y 19 de abril del 2015. El portal de noticias es operado por el equipo de la periodista Carmen Aristegui; es claro que dichos equipos de periodistas están sufriendo una ola de censura. A los promotores de dicha censura no les bastó con sacarlos del aire al forzar su salida del programa de noticias en MVS radio, ahora quieren eliminar la difusión de su trabajo periodístico en internet. Sin embargo, el sitio web de Aristegui sigue en el top de los medios digitales de mayor número de visitas, según el reporte "similarweb", Aristeguinoticias.com, atrae un promedio de 8.8 millones de visitas por mes.

Tras la censura en la radio, Carmen Aristegui ahora es escuchada a través de Internet y las redes sociales, y sus transmisiones son seguidas por cientos de miles de usuarios.

Quienes buscan eliminar la crítica de los medios masivos y de las redes, no han entendido o no quieren entender, que el descontento social no está centrado en partidos de izquierda, movimientos sociales, periodistas o activistas críticos.

En México es descontento social es generalizado y si algo ha mostrado las redes sociales, es que su poder se basa en la auto-organización, incluso personajes y líderes del mundo financiero[8] político y hasta religiosos a nivel internacional han manifestado opiniones adversas al desempeño del actual sistema económico mundial. Por eso cometen un error aquellos que culpan alguna persona o alguna organización política en específico, por la crispación social que se mantiene inminente en zonas extensas del territorio mexicano.

III.4 El incendio de la red

A finales del mes de diciembre del 2016 el gobierno mexicano anunció un gran incremento al costo de las gasolinas, la respuesta social no se hizo esperar y cientos de miles de personas se expresaron en contra del aumento de los combustibles, días antes se había vuelto viral en las redes mexicanas la fiesta de una quinceañera de un poblado en el estado de San Luis Potosí, durante días los memes del #XVdeRubi estuvieron presentes en la discusión social, pero el tema del aumento conocido como el "Gasolinazo" desbordó la opinión pública contra el gobierno.

El fenómeno viral de los xv años de una joven de un municipio del estado de San Luis Potosí, dejó de manifiesto el México cómico, los "Lords y Ladys" son en su mayoría personas de clases medias-bajas, que fueron capturadas en vídeo y subidas alguna red social de Internet, que se convirtieron en tendencias sociales en red. Aunque ha habido casos situaciones virales en Internet de personas con estatus económico alto, la mayoría de

---

[8] Consultado en: http://www.forbes.com.mx/reformas-estructurales-decepcionan-a-los-empresarios/

los contenidos virales han sido de personas de escasos recursos.

El 2016 fue un año donde las redes sociales en Internet en México parecían estar al servicio de los memes, de la burla, del sarcasmo y de los contenidos sin transcendencia social, como si la caja china hubiera sido trasladada a las redes, y solo se observaban tendencias o trending topics orientadas hacia la viralidad de lo absurdo, explotando el gran sentido del humor del pueblo mexicano, para así ocultar o evadir otros temas de la agenda política y económica nacional.

Pero el gasolinazo encendió las redes inmediatamente, la indignación social literalmente explotó en la red, pero pronto entró en operación el rumor para inducir el miedo y el temor en la población. En las redes los primeros días del mes de enero estuvieron circulando rumores en Facebook, Twitter y WhatsApp sobre "saqueos" a tiendas de supermercado y departamentales, dichos rumores ocasionaron una intensa discusión social en las redes y en las ciudades y pueblos de México, los mensajes eran de textos y audios supuestamente de gente que alertaba sobre la violencia que se desataría, también circularon en YouTube videos de personas que estaban saqueando tiendas, se crearon grupos en Facebook que alentaban a participar en los saqueos.

Los rumores han sido utilizados desde siglos atrás por la clase gobernante para tratar de infundir temor en la población, es una táctica que se ha venido ejerciendo de manera sistemática en casi todos los tipos de gobierno, tal como lo documentó el escritor Jacinto Rodriguez en su libro "La otra guerra secreta", donde señala cómo el gobierno mexicano, incluso elaboró un manual donde describía paso a paso la ejecución de rumores para el control social.

Red de palabra "saqueos" en Twitter
(4/Ene/2017)

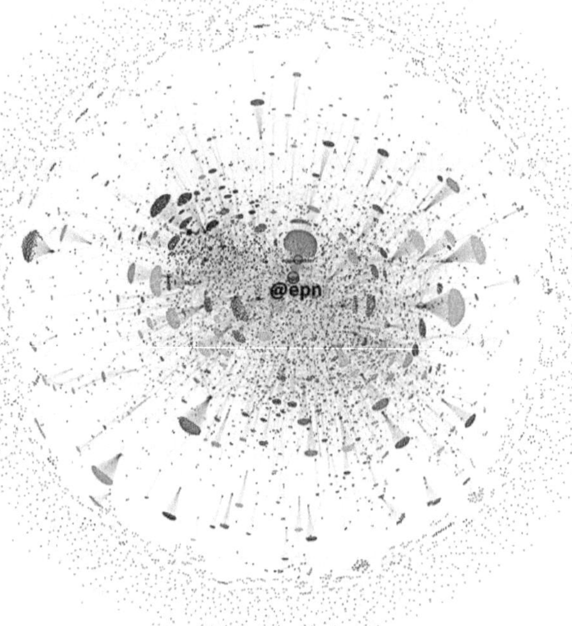

Las marchas de protesta por el gasolinazo se programaron para el 5 de enero del 2017; en varias ciudades se realizaron sin contratiempo, los rumores sobre los saqueos no lograron infundir el temor, y miles salieron a decir no al gasolinazo.

En la Cd. de México (CDMX) desde la noche del 4 de enero se iniciaron las acciones de saqueo y vandalismo, el gobierno de la CDMX grabó en video varios grupos organizados que saquearon tiendas como Coppel, Soria-

162

na, Elektra, en ellos se puede observar que la policía capitalino intervino y detuvo a varias personas[9].

En Monterrey, varios colectivos ciudadanos estuvieron convocado, desde sus redes sociales, a una marcha pacífica el 5 de enero, la manifestación se llevó a cabo y miles de ciudadanos caminaron en paz, gritando consignas contra Peña y el Gasolinazo, al llegar a la explanada de los héroes, hubo un mitin con varios oradores y todo iba tranquilo, pero de entre la multitud salió un grupo de jóvenes que empezaron destruir los históricos vitrales del palacio de cantera.

Al mismo tiempo que se suscitaba el ataque al Palacio estatal, varios personas estaban saqueando una tienda departamental al norte de Monterrey, el acto de rapiña se pudo ver en vivo a través de las redes y los medios de comunicación, el ataque y el saqueo en Monterrey parecieran formar parte de una gran operación de control social mediante el caos, como una puesta en escena de la tan recurrente teoría del shock.

El caos social es el pretexto perfecto para implementar la intervención militar, que parece tolerable socialmente cuando se desborda la violencia y la delincuencia.

El neoliberalismo funciona mejor a través del militarismo, ya lo hicieron en la República de Chile con Augusto Pinochet, pero los tecnócratas saben que el México profundo es violento, y no hubiera aguantado el yugo militar, por eso tardaron décadas y fueron preparando el terreno de la violencia desbordada, para que fuera la misma población la que pidiera la instauración de un totalitarismo militar.

---

[9]   http://www.animalpolitico.com/2017/01/grupos-organizados-saqueos-cdmx-videos/

Se tendrá que hacer uso de una energía e intelecto máximos para convencer al pueblo que la organización social es indispensable y la salida ante el caos y la desesperanza; el gasolinazo incendió al país, y el gobierno mexicano sabe que el destino del país no está en Los Pinos, mucho menos en el Congreso de la Unión, la República está a merced de personas que pretenden un militar autorizado por Washington como presidente nacional.

Los grupos focalizados de falsos anarquistas que tratan de sembrar miedo y temor posiblemente sean cómplices del gobierno, estas tácticas muestran signos de desesperación de los gobernantes que se ven acorralados por la indignación social.

En las redes, los usuarios se manifiestan contra el presidente mexicano Peña Nieto, miles de menciones directas a su cuenta @epn se dejaron ver en la red de saqueos, también fue un nodo central en la red de la palabra Gasolinazo, la mayoría de la población mexicana se ha manifestado contra las acciones del presidente; en cualquier sistema democrático seria suficiente para esperar su renuncia, pero en México, el poder presidencial es intocable aun y cuando haya perdido legitimidad social.

En la red del gasolinazo se puede observar que el nodo central es @epn, que fue objeto de decenas de miles de menciones directas, mientras que los súper-nodos difusores fueron principalmente medios electrónicos como las cuentas de @aristeguionline, @revistaproceso, @sinembargo, @milenio, @jenarovillamil, @eluniversal_mx, @lajornadaonline, @epigmenioibarra, y también la del sacerdote católico defensor de los derechos humanos, y de los migrantes el @padresolalinde, que es muy activo también en Twitter.

Red del Gasolinazo en Twitter
(1 al 9 de enero del 2017)

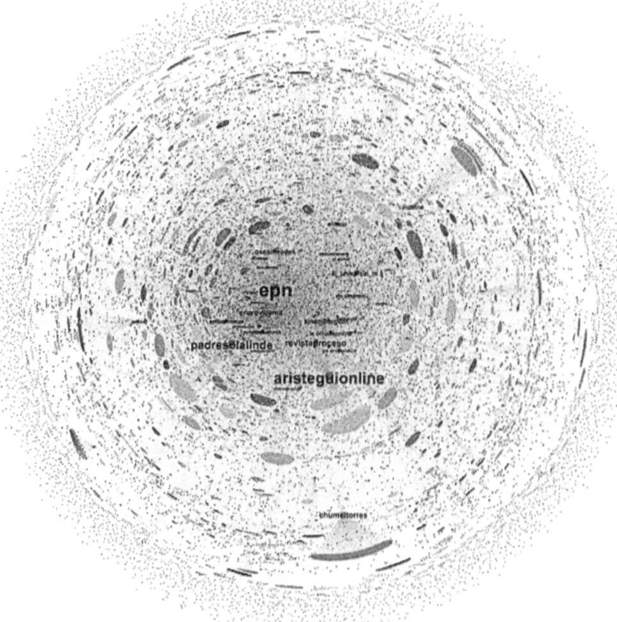

La red muestra una discusión potente de varias comunidades de difusión viral, esto es muestra la importancia del tema en la población mexicana. Además que es relevante que la sociedad interactúa más con los medios alternativos.

III.5 ¿Qué sige?

La indignación social se ha globalizado, el movimiento Occupy Wall Street estableció de manera contundente la situación a nivel mundial: el 99% paga los lujos y excesos de una oligarquía, que agrupada, representa menos del 1% de la población mundial. La crisis financiera del 2008 en la mayoría de los países fue resuelta con la misma "estrategia" de siempre: que la factura la pague el pueblo, con la excepción extraordinaria del pueblo de Islandia; la pregunta es, ¿Seremos capaces de hacer lo que hizo el pueblo islandés?

Si bien las últimas protestas se han interconectado, y gracias a la red de internet podemos conocer las demandas de cada movimiento o ver imágenes de las protestas, las marchas y las acampadas; el siguiente paso tendría que ir más allá de cada país o región, tendría que pasar por la construcción de una organización mundial, para que tenga el alcance y fuerza para proponer cambios fundamentales en la actual política económica que rige la mayoría de los países occidentales, que están bajo el yugo del FMI y el Banco Mundial.

En la mayoría de los países donde se sucedieron las protestas de los últimos años, las demandas son casi las mismas, terminar con los rescates bancarios, fin a los recortes del gasto social, aumentar salarios y el poder adquisitivo, más empleo y mejor pagado, aplazamiento o restructuración de las deudas públicas, mayor libertad y democracia.

Bajo diferentes términos o nombres como: ciber-política, ciber-acvistas, tecno-política, politica2.0, política 3.0, los movimientos auto-organizados mediante la red de internet, han crecido y tomado fuerza, por eso los gobiernos están implementando medidas coercitivas en la búsqueda del control de información a nivel mundial.

La auto-organización social ha rendido sus frutos, Islandia es un mito hecho realidad, lo mismo está pasando con Túnez, donde su pueblo después de revolución del Jazmín está creando un nuevo gobierno de manera democrática; en EUA el movimiento Occupy logró llamar la atención de los sectores medios, y poner en la mira la desigualdad económica que padece el planeta entero. En Brasil hubo manifestaciones multitudinarias organizadas desde Twitter, las cuales lograron frenar el aumento a las tarifas del transporte público, y demandar más gasto social, y se están utilizando otras plataformas de comunicación como el WhatsApp, el cual fue bloqueado por un juez brasileño.

En Europa surgen nuevas esperanzas de cambio social, el triunfo del movimiento político-social SYRIZA en la última elección presidencial de Grecia; aunque finalmente se sometió a los designios de la poderosa Troika, pero deja una lección importante y crucial: los pueblos del mundo deben unirse.

El pueblo Griego votó por SYRIZA porque proponía salir de la zona Euro, pero no se les permitió, mientras que a los promotores del BREXIT se les respetó su decisión; la élite mundial sabe que sus riquezas las obtiene principalmente de los países pobres y sometidos.

Mediante instituciones como el FMI y el Banco Mundial, imponen deudas públicas que son en su mayoría, el producto de actos de corrupción de los gobernantes que ellos aceptan, pero si aparecen movimientos y líderes que propongan una mayor distribución de la riqueza entre la población, inmediatamente se les veta y se les etiqueta de populistas y hasta de neocomunistas. La élite financiera mundial pelea por el control de los recursos públicos, los ven como su derecho de clase.

A nivel mundial ellos están unidos, se reúnen, discuten las estrategias, forman asociaciones y grupos para defender sus intereses ¿Y los pueblos?

En España en el 2011, las altas tasas de desempleo y la ola de desahucios, lograron que cientos de miles de españoles, en su mayoría jóvenes profesionistas, iniciaran deslumbrantes jornadas de protestas, que se conocieron en el mundo entero como el movimientos de los indignados, los ciudadanos siguieron en la ruta de la organización y han podido formular el movimiento partido: PODEMOS; que tras el triunfo de SYRIZA en Grecia, dio un aliento de esperanza, para los grupos que fomentan la organización política-social, e impulsen una trasformación del modelo imperante.

En España, el movimiento PODEMOS, se conformó con la visión de transformar la indignación en un cambio social, y al igual que en el movimiento de los indignados del 2011, la organización del partido ha utilizado la red para establecer sus estatutos, en una red interna elaboraron su "wiki programática", la organización fue "online". PODEMOS se fundó a principios del 2014, con la unión de intelectuales, profesores, periodistas y activistas sociales, el partido se articuló en gran medida mediante el partido de Izquierda Anticapitalista.

Realizado por Carlos A. Jiménez Zarate

En agosto del 2014, su página de Facebook ya contaba con más 700,000 likes, y su canal de YouTube contaba con más de dos y medios millones de visualizaciones. Estos números no son cuestión de casualidad o solo de aprovechar un momento social, la organización se estructuró de una forma programática, y el primer paso fue la posicionar el partido mediante figuras de impacto mediático, tal es el caso del político y profesor Pablo Iglesias, quien ha batido records de audiencia en entrevistas, y su nombre ha sido trending topic. Sin duda, el liderazgo es esencial para encauzar una organización política de tal magnitud, actualmente Pablo Iglesias es eurodiputado por PODEMOS.

En México, el caso Ayotzinapa reactivó a miles de ciudadanos, los cuales salieron a protestar; esto ha derivado en una gran participación, y la autoorganización de muchos movimientos, algunos plantean la organización de congresos ciudadanos, para exigir el cumplimiento de la soberanía popular que viene establecida en el artículo 39 de la Constitución Política Mexicana, como el movimiento Congreso Popular, que ha convocado a varias manifestaciones, y hace un llamado a defender la democracia, y defender la soberanía mexicana, algunos grupos sociales ven agotado el actual sistema electoral y por eso llaman a no votar, para así manifestarse en contra del sistema político. En algunos estados y municipios se están integrando grupos de ciudadanos que apoyan a los candidatos independientes, pero han resultado ser en la mayoría de los casos personajes ligados al control político.

Recientemente, un sector cada vez más importante de ciudadanos mexicanos se están organizando en el nuevo partido MORENA; el cual plantea en sus estatutos el rechazo a las políticas económicas actuales, diversas encuestas y análisis han constatado el ascenso de esta organización; y es que la situación económica, social y política en México es caótica: los índices de crecimiento económico no se cumplen, la informalidad laboral está en ascenso, la violencia no para, y los escándalos de corrupción política van en aumento.

Las declaraciones del Papa Francisco sobre la violencia criminal en México derivada del Narcotráfico[10], vienen a complementar la información que diversos medios internacionales manifiestan sobre México. Tras una infinidad de casos, ha quedado claro que México es un paraíso para los corruptos, muchas de las grandes empresas nacionales y transnacionales no pagan impuestos, los

---

[10] http://nwnoticias.com/#!/noticias/francisco-habla-del-narcotrafico-y-la-violencia-en-el-pais

políticos corruptos de cualquier nivel en pocos años se vuelven millonarios; los bancos transfieren sus pérdidas al pueblo, y sus ganancias son en gran parte del rescate bancario, no prestan, solo cobran; los industriales mineros extraen oro, plata, cobre, zinc, y otros minerales sin importarles la vida de sus trabajadores, y menos se preocupan por el medio ambiente, son capaces de contaminar ríos enteros sin temor a ser castigados.

En México los culpables con dinero se vuelven inocentes; decenas de niños pueden ser calcinados sin que nadie sea castigado, decenas de estudiantes desaparecen de la faz de la tierra, y no hay justicia, miles de asesinatos, miles de desaparecidos, violencia criminal imparable, fraudes y más fraudes inundan la administración pública en todos los niveles de gobierno, pero no se castiga a los grandes corruptores, pura simulación.

Y las preguntas siguen siendo: ¿Hasta cuándo? ¿Cuál será el límite del pueblo mexicano?

La tragedia de Ayotzinapa, animó a cientos de miles a salir a protestar, la esperanza de una nueva era apareció, pero la dispersión de las organizaciones no abona a la transformación social, los liderazgos que surgieron tras las movilizaciones han tomado su distancia de otros movimientos. A eso le apuesta la Oligarquía: a la desunión y al agotamiento social, muchos hablan del poder ciudadano, pero la historia mundial nos ha mostrado que los grandes cambios sociales son impulsados por grandes liderazgos que sustentan su fuerza en la organización social. La red de Internet es ya una herramienta indispensable para la auto-organización social, donde la imaginación para protestar es el límite. En abril del 2015, miles de ciudadanos españoles se organizaron mediante el sitio "hologramasporlalibertad.org", para protestar contra la ley mordaza, que limita las marchas, al tipificar como delito el manifestarse, impedir un desahucio o filmar a un policía, esta ley va en contra de la libertad de expresión de los ciudadanos; frente al congreso español miles de hologramas se manifestaron, las imágenes proyectadas eran de personas reales, que habían subido su imagen previamente al sitio web.

Los grandes movimientos de masas auto-organizadas están incidiendo en la transformación social; todo movimiento inicia siempre con un primer impulso, el cual no necesariamente debe ser de una gran magnitud, pequeñas acciones son a veces la chispa necesaria para metas de mayor alcance; las redes hoy presentan la oportunidad para empezar a formular grandes cambios.

Los ciudadanos cada día toman un mayor control sobre los medios sociales, el 15 de abril del 2015, el partido político en el poder en México, "el nuevo PRI" intentó posicionar el #PRImeroTuBienestar, como parte de una estrategia de posicionamiento en la red; la meta de hacer trending topic el *hashtag* se cumplió, pero no con el efecto esperado por la dirigencia del PRI, miles de usuarios comentaron el *hashtag* en contra del PRI haciéndolo viral, un análisis realizado en el sitio "thefollowthe*hashtag*", arrojó que entre los "top tweets" se encuentra la cuenta @sinembargomx con su comentario: *"El PRI lanza en twitter #primerotubienestar y usuarios denuncian corrupción y despilfarros"*, el cual fue retuiteado 96 veces, otras cuentas que fueron más retuiteadas fueron la de @revolucion3_0 y @notigodinez. El análisis del contenido muestra que las palabras: roba, corrupción, tranza, ratas, fueron de las más utilizadas por los usuarios.

Fuente: www.followthehashtag.com

El *hashtag* emitido por el PRI fue un fracaso, y es un reflejo de la situación actual que prevalece en México, encuestas y analistas coinciden que la popularidad de Enrique Peña está en su peor momento, y ha alcanzado mínimos históricos. La red ha sido un espacio que aún no ha sido controlado, y es por lo tanto una preocupación de los gobiernos de alta prioridad.

Las recientes elecciones en México demostraron un rechazo al sistema político tradicional, y este rechazo se tradujo en votos, MORENA partido liderado por Andrés Manuel López Obrador se posicionó como la cuarta fuerza política, solo por un pequeño porcentaje debajo del PRD además que se posicionó como primera fuerza política en la Ciudad de México, en el norte de México, el candidato Independiente "El Bronco", arrasó las elecciones para el gobierno de Nuevo León, rompiendo con el Bipartidismo del PRI y del PAN, Manuel Clouthier también ganó la diputación federal con la figura de candidato independiente, logrando arrasar con más del 44% de los votos, por el distrito 5 federal electoral del estado de Sinaloa. También con la figura de candidato independiente, el joven Pedro Kukamoto, ganó la diputación por el distrito 10 en el estado de Jalisco.

Las elecciones en el 2016 mostraron que las redes sociales pueden llegar a romper los cercos mediáticos, y por ende la manipulación, así mismo se ha observado como los movimientos sociales como el de la CNTE tiene en las redes una herramienta importante de difusión viral de sus acciones y de auto-organización social.

Hoy más que nunca las redes se han convertido en una herramienta de los movimientos alternativos en red, y pueden ser determinantes para la transformación que imponga un nuevo modelo político, económico y social, que garantice el bienestar para todos.

Conclusiones

Los actuales movimientos sociales, están siendo creados, organizados y difundidos a través de los espacios virtuales, de los medios sociales de internet; inician en la pantalla de alguna laptop, notebook, tablet o Smartphone, traspasando del plano virtual al plano físico: marchas, mítines, ocupaciones, acampadas, congresos, foros o cualquier expresión que pueda confrontar a los espacios del poder político y económico. Estos movimientos son el inicio de una lucha por la alternancia democrática y la refundación del estado, como sucedió en Islandia. No hay parámetros sociales que puedan calcular o predecir cuándo y porque sucederán las próximas protestas o movimientos sociales.

El análisis de las redes, realizado en los *hashtags* de protesta, muestra que en la mayoría de los casos los nodos centrales pertenecen a las cuentas de los que son señalados como responsables del descontento social y los supernodos de difusión son en su mayoría medios alternativos digitales, y activistas o personalidades identificadas con las causas sociales. Mientras que los *hashtags* de apoyo, los supernodos de difusión, son también los nodos centrales.

En el 2011 la revolución del Jazmín se inició por la inmolación de un vendedor ambulante; en Egipto el llamado de una mujer mediante un video, convocó la primera protesta que desataría la caída del régimen de Hosni Mubarak, en España el desempleo y los desalojos, movilizaron a los jóvenes y a miles de personas a tomar las plazas; tras décadas de apatía social, en el 2011 en los EUA, se organizaron las movilizaciones de protesta por la oposición de la alta concentración de la riqueza en unos cuantos, en Turquía las protestas iniciaron por la intención del gobierno de demoler un parque público, en Brasil el motivo fue el aumento a las tarifas al transporte público. En el 2012 en México la aversión de sectores estudiantiles a la idea de que regresara al poder presidencial el PRI, logró unificar estudiantes de universidades públicas y privadas, el movimiento se creó en las redes y lograron una movilización nacional, y hasta un histórico debate entre los candidatos presidenciales, que fue transmitido por un canal de YouTube.

El terrorífico ataque a los estudiantes normalistas de Guerrero, despertó amplios sectores de la sociedad mexicana, dejando a un lado la indiferencia y apatía, cientos de miles de personas pasaron de los clicks, memes, mensajes de indignación, a la autoorganización de marchas y mítines. En varias ciudades de México y del mundo se desplegaron acciones globales de protesta mediante el uso de las redes sociales en internet.

Hoy la sociedad está más atenta al actuar de los gobernantes, apenas el presidente mexicano terminó la presentación del nuevo titular de la secretaria de la función pública, con la frase "ya sé que no aplauden", cuando la red estalló de nueva cuenta, miles de tuits y retuits comentaron la frase final en forma de *hashtag*. El caso entre

MVS y Aristegui se volvió viral en cuestión de horas, la inmensa mayoría de los usuarios que mencionaron el caso, lo hcieron a favor de la periodista, esto desató ataques de bots, para tratar de contener las tendencias sobre el tema. Y mediante las redes miles de ciudadanos, se organizaron y lograron reunir firmas, para exigir un espacio en alguna estación universitaria, esto sin duda, es una muestra del poder de organización que se puede dar mediante la red.

Las redes se han convertido en un sistema de expresión social, y la rapidez con la que se vuelve viral, hace que la información pueda ser vista en cuestión de horas por millones de personas; la ciencia de las redes nos ofrece la oportunidad de analizar las estructuras que se forman en torno a un tendencia, fanpage o cuenta de twitter utilizada en algún movimiento social. Es una época donde cada vez más nuestras actividades cotidianas tienen contacto con la red; nuestro "rastro digital" crece, siempre que utilizamos un cajero automático, usamos una tarjeta para pagar, las búsquedas en google, los videos vistos en YouTube, los sitios web visitados, las cámaras de tráfico captan nuestro andar por las avenidas, al igual que las miles y miles de cámaras de vigilancia que hay por todas partes, estos sistemas de video-vigilancia en su mayoría cuentan con reconocimiento facial; los nuevos teléfonos Smartphone abren el espectro para la auscultación de nuestras vidas.

En realidad lo que cargamos en nuestros bolsillos no es un simple teléfono, es un multisensor de nuestras actividades, desde el cual las agencias de inteligencia y seguridad pueden ubicar nuestra posición geográfica en tiempo real.

La MATRIX o central de datos de la NSA tendrá en un futuro cercano la capacidad de guardar y procesar una cantidad inimaginable de datos, y con ello realizar un perfil de cada persona conectada a la red, de ahí que la funcionalidad de la red está en una encrucijada: por un lado, se están abriendo las posibilidades de utilizarla como plataforma tecnológica para la organización de movimientos sociales alternativos, y por otro lado es el medio para la recopilación de datos en una modalidad de espionaje masivo que lacera la libertad y el derecho humano a la privacidad.

Los ejemplos de Islandia, Túnez, Grecia, España, Brasil, deben servir de inspiración y alentar a una transformación social, un nuevo sistema de gobierno que anteponga el beneficio colectivo al de unos cuantos; no solo lo reclaman millones de indignados por todo el mundo; el mismo planeta muestra signos de agotamiento, tras siglos de sobreexplotación de los recursos y contaminación; hoy se manifiesta con su implacable poder. El futuro de la humanidad está en riesgo, no basta con plantear un nuevo paradigma económico, es urgente replantear nuestra humanidad frente al único lugar habitable que tenemos.

Internet nos ha puesto en red, hoy podemos interconectarnos con otras personas con un solo click; en un futuro no muy lejano la red nos dará la oportunidad de ver realmente lo que somos: una sola raza humana.

Bajo estas circunstancias han surgido dos visiones: por el lado del gobierno se busca incrementar la vigilancia, el control y la censura, y de lado de las organizaciones sociales se buscan que Internet sea libre para todos. La red se ha convertido en un campo más en las luchas y batallas ideológicas, sociales y políticas, estamos presenciando la era de la Redvolución.

Galería de imágenes

GALERÍA DE IMÁGENES

Islandia 2009, Protesta frente al parlamento Islandés

Egipto 2011, Plantón en plaza Tahrir

España 22 Mayo 2011. Acampada de indignados en puerta del sol, #22M

EUA septiembre 2011. Acampada de #occupywallstreet en parque Z

México, 23 de mayo del 2012. Marcha del movimiento #yosoy132

México, 13 de septiembre 2013. Desalojo de plantón magisterial #CNTE

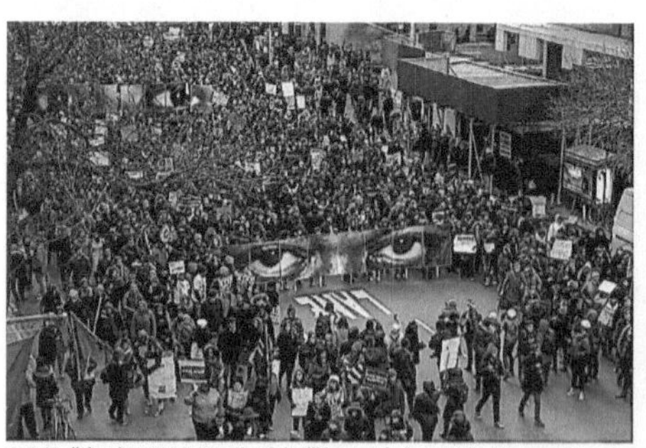

EUA 13 diciembre 2014, Marcha del millón, movimiento #blacklivesmatter

México 20 noviembre 2014, Acción global por #Ayotzonipa

Colegio Civil, Monterrey N.L.
20/nov/2014

España 2015, manifestación virtual contra la ley mordaza

181

Mega marcha de la caravana43 en New York

26 de abril 2015

Bibliografía y webgrafía

Alcántara, J. (2008). *La sociedad de Control.* Barcelona: El Cobre Ediciones.

Alcazan, A. A. (2012). *Tecnopolítica, internet y r-evoluciones.* Barcelona: Icaria Editorial.

Almazan, R. S. (2011). *Redessociales en la organizaciones.* Mexico: Universidad Autónoma del Estado de México.

Barabasi, A. L. (2002). *Linked The New Science of Networks.* Cambridge: Perseus Publishing.

Castells, M. (2001). *La Galaxia Internet.* Madrid: Arete.

Castells, M. (2012). *Redes de indignacion y esperanza.* Madrid: Alianza editorial.

Galindo, González. (2013). *#YoSoy132 La primera erupción visible.* Mexico: GLOBAL TALENT UNIVERSITY PRESS.

Jimenez, C. (2013). *30 años Bajo el Yugo Neoliberal.* Monterrey NL: UANL.

Martin Dodge, R. K. (2001). *Atlas of Cyberspace.* London: Addison-wesley.

Serrano, E., Calleja-Lopez, A., Monterde, A., & Toret, J. (2014). *15MP2P. Una mirada transdisciplinar del 15M.* España.

Web, C. d. (2008). *Cómo funciona la Web.* Santiago de Chile: Centro de Invesigacion de la Web, Universidad de Chile.

http://actualidad.rt.com

http://archive.computerhistory.org

http://aristeguinoticias.com

http://bellacio.org

http://blog.indatcom.mx

http://bussinessinsider.com

http://cencos.org

http://código-abierto.cc

http://columbiadatascience.com

http://congresogro.gob.mx

http://datanalysis15m.files.wordpress.com

http://dicc.hegoa.ehu.es

http://dw.de

http://elmundo.es

http://europarl.europa.eu

http://fas.org

http://github.com

http://googletrends.com

http://hologramasporlalibertad.org

http://icann.org

http://ilo.org

http://inegi.org.mx

http://larepublica.ec

http://lasamericasyelmundo.org

http://libertad-expresion-org.mx

http://lk.cs.ucka.edu

http://loquesigue.tv

http://losgastospendejosdelprian.blogspot.mx

http://mashable.com

http://mesura.org

http://mexico.cnn.com

http://noticias.univision.com

http://nsa.gov1.info

http://numeroteca.org

http://old-computerhistory.org

http://opinionpublicauvm.mx

http://pcmag.com

http://pearltrees.com

http://pewinternet.org

http://redalyc.org

http://redesquintopoder.org

http://redsop.org

http://reuters.com

http://revoluciontrespuntocero.com

http://r-shief.org

http://strategyanalytics.com

http://subliminalpixels.com

http://techcrunch.com

http://telegeography.com

http://tendederopolitico.com

http://theguardian.com

http://topsy.com

http://trendilania.com

http://trendmaps.com

http://washingtonpost.com

http://wigle.net

http://wiki.15m.cc

http://wikileaks.jornada.com.mx/cables

http://williamson-labs.com

http://wired.com

http://www2.ohchr.org

http://youtube.com

http://zator.com

Índice

Introducción   9

Capítulo I: La Matrix   17

Capítulo II: Indignación global   43

Capítulo III: Rednacimiento   105

Galería de imágenes   179

Bibliografía y wabgrafía   183

www.ingramcontent.com/pod-product-compliance
Lightning Source LLC
Chambersburg PA
CBHW051051250726
48656CB00001B/262